ILLUSTRATIONS: LUC BEAUSÉJOUR

POUR TOUS

L'entreprise à la conquête des marchés internationaux

Pierre-Luc Mathieu
Me Isabelle Normand
Danielle Vallée
Pierre Tremblay, MBA, CMC
Germain Decelles, osj

Luc Beauséjour

POUR TOUS

L'entreprise à la conquête des marchés internationaux

Les Éditions
LOGIQUES

LOGIQUES est une maison d'édition reconnue par les organismes d'État responsables de la culture et des communications.

Concepteur: Germain Decelles
Mise en pages: Luc Beauséjour, Germain Decelles
Illustrations du livre: Luc Beauséjour
Graphisme de la couverture: Christian Campana
Révision linguistique: Corinne de Vailly, Cassandre Fournier

Distribution au Canada:
Logidisque inc., 1225, rue de Condé, Montréal (Québec) H3K 2E4
Téléphone: (514) 933-2225 • Télécopieur (514) 933-2182

Distribution en France:
La Librairie du Québec, 30, rue Gay Lussac, 75005 Paris
Téléphone: (33) 1 43 54 49 02 • Télécopieur, (33) 1 43 54 39 15

Distribution en Belgique:
Diffusion Vander, avenue des Volontaires, 321, B-1150 Bruxelles
Téléphone: (32-2) 762-9804 • Télécopieur: (32) 762-0662

Distribution en Suisse:
Diffusion Transat s.a., route des Jeunes, 4 ter, C.P. 1211 Genève 26
Téléphone: (022) 342-7740 • télécopieur: (022) 343-4646

Les Éditions LOGIQUES
1247, rue de Condé, Montréal (Québec) Canada H3K 2E4
Téléphone: (514) 933-2225 • Télécopieur (514) 933-3949

Les Éditions LOGIQUES / Bureau de Paris, 110, rue du Bac, 75007 Paris, France.
Téléphone: (33) 1 42 82 84 14 52 • Télécopieur: (33) 1 45 48 80 16

ISO POUR TOUS
© Les Éditions LOGIQUES inc., 1996
Dépôt légal:Quatrième trimestre 1996
Bibliothèque nationale du Québec
Bibliothèque nationale du Canada
ISBN 2-89381-414-X
LX-490

Sommaire

SOMMAIRE

SOMMAIRE

La cigale...   ou...   la fourmi?

Depuis déjà quinze ans, nous œuvrons à unir différentes communautés et à promouvoir la diversité qui résulte de chacune d'elles. Cependant, à l'intérieur de la mosaïque de tous les peuples, il demeure parfois des barrages de communication ou des filtres qui empêchent la juste et libre circulation des biens et des services. On les appelle parfois des barrières non tarifaires. De nombreux efforts sont mis de l'avant par les gouvernements et les organismes internationaux pour reconnaître les forces de chacun et en bout de ligne les participants, fournisseurs et consommateurs, en sortent gagnants.

Mais comment permettre aux peuples de comparer sur une même base ce qu'ils offrent? C'est là que la mission ISO revêt toute son importance. L'Europe fut précurseur peut-être par la force des choses. Chez nous, la question des standards et de l'uniformité des produits et résultats ne s'est pas posée avec la même urgence. Nous étions déjà très occupés par notre commerce nord-américain et par des systèmes d'achats et des normes assez similaires. Mais aujourd'hui, l'heure est à la globalisation. Des peuples sans langue commune commencent à accroître leurs échanges commerciaux ou voudraient bien le faire.

Je me réjouis des démarches que l'équipe de Germain Decelles a entreprises afin d'accélérer l'implantation des normes ISO dans notre communauté. Non seulement cet ouvrage répond-il à un besoin pressant de tourner notre regard au-delà de nos frontières, mais en plus en ayant l'approche «bottom line» nord-américaine et en s'empressant de rationaliser cette démarche, nous créons ici une nouvelle expertise qui elle-même devrait avoir des retombées exportables pour quiconque l'emploiera.

Tout a déjà été dit sur les bienfaits de l'approche ISO: meilleure qualité, efficacité dans les communications, accroissement de la vitesse des échanges, etc. Il serait donc inutile de le répéter plus en détail. Mais ce qui peut démarquer cet effort, c'est qu'il vient de personnes constamment poussées à améliorer, à faciliter et à construire des relations solides. Voilà une œuvre digne de recevoir l'énergie requise pour mener à terme la mission qu'elle préconise, car par sa simple contribution, si petite soit-elle, ce sont tous les peuples qui ultimement en bénéficieront.

L'honorable Gerry Weiner

Avant-propos

L'introduction des normes ISO dans une entreprise amène beaucoup de changements dans les habitudes de travail. La certification des entreprises entraîne une cascade de conséquences auprès des employés et des fournisseurs, incluant les sous-traitants.

Informer les employés sur les techniques d'implantation de nouvelles procédures et méthodes de travail est une tâche parfois délicate. Il en est de même au niveau des sous-traitants: la certification ISO 9000 est une chaîne de qualité qui ne doit pas être brisée. Il faut souvent appliquer de nouveaux concepts à un milieu fort différent de celui auquel sont habitués les gens qui les ont développés et utilisés précédemment.

ISO pour tous vous livre les principes d'application des normes ISO dans les entreprises et organismes gouvernementaux. Vous ne serez peut-être pas tenu d'obtenir une certification ISO. Cependant, pour continuer à obtenir des mandats de la part d'une entreprise ou d'un organisme gouvernemental certifié, il faudra vous assurer de respecter à la lettre les normes qu'elle vous impose, sous peine de briser la chaîne de qualité. L'interruption de cette chaîne aurait un effet désastreux pour l'entreprise cliente: cela pourrait entraîner la perte de sa certification ISO.

Le but de ce livre est de vous présenter le processus ISO et ses implications dans l'entreprise. Seule la compréhension du processus vous permettra de saisir les ramifications de la certification, qu'il s'agisse de la vôtre ou de celle de vos clients. Un certain travail de discernement incombe donc au lecteur, afin d'évaluer la pertinence et l'étendue des démarches à entreprendre.

Cet ouvrage est le fruit de plusieurs années d'expérience dans les domaines de l'entrepreneurship, de la consultation en management, de l'informatique et de la recherche et du développement. Il est le résultat de réflexions personnelles des auteurs sur l'avancement des connaissances dans ces domaines et sur l'application pratique de ces disciplines. Les idées qui ont servi de point de départ à ce guide sont donc nées de l'expérience commune des auteurs sur le terrain. Ceux-ci ont observé que les gens qui désirent en connaître davantage comprennent et assimilent beaucoup plus aisément que les autres les concepts qui font partie du processus. Ceci est d'autant plus vrai si ces concepts sont expliqués dans un contexte favorisant l'apprentissage.

Dans ce guide, nous avons cherché à répondre aux exigences des lecteurs concernés par les problèmes de gestion du changement et, plus particulièrement, par la gestion de la qualité. L'approche suivie est essentiellement managériale. En effet, comment faire comprendre les réalités complexes de la gestion de la qualité autrement qu'en proposant au lecteur de vivre l'expérience du gestionnaire face à ses décisions quotidiennes. L'approche managériale explique les deux moyens utilisés dans l'ouvrage. L'un de ces moyens est l'emploi d'aspects légers et humoristiques telle l'utilisation de la fable «La cigale et la fourmi» de Jean de La Fontaine. L'autre est de poser des questions dans le but de permettre au lecteur de vérifier sa compréhension des concepts présentés dans ce guide.

L'ouvrage est écrit dans un langage que nous avons voulu simple et intelligible. Les auteurs ont bénéficié des critiques, des suggestions et du travail de plusieurs collaborateurs et collaboratrices.

Germain Decelles, osj

INTRODUCTION

La cigale et la fourmi...

Qui à la petite école n'a pas entendu la fable:
«La cigale et la fourmi»?

La cigale, ayant chanté
Tout l'été,
Se trouva fort dépourvue
Quand la bise fut venue:

Depuis plusieurs siècles, on nous enseigne cette fable de Jean de La Fontaine. Il est facile de transposer cet exemple dans le contexte de l'entreprise, afin de faciliter la compréhension de l'impact des normes ISO sur celle-ci.

21

*Pas un seul petit morceau
De mouche ou de vermisseau.
Elle alla crier famine
Chez la fourmi sa voisine,
La priant de lui prêter
Quelques grains pour subsister
Jusqu'à la saison nouvelle.
Je vous paierai, lui dit-elle,
Avant l'août, foi d'animal,
Intérêt et principal.
La fourmi n'est pas prêteuse:
C'est là son moindre défaut:*

La cigale va demander de l'aide une fois le tort causé: tout au long de l'été, elle n'a ni planifié, ni travaillé, de façon à pouvoir subsister pendant les jours d'hiver. Regardez autour de vous, vous remarquerez qu'il y a plusieurs entrepreneurs qui imitent la cigale en tentant de faire des affaires à la sauvette sans se soucier du lendemain.

Au lieu de crier famine, ils crient faillite!

La fourmi, tout comme les prêteurs de nos jours, regarde l'évolution des affaires des entrepreneurs et se pose assurément la même question que les prêteurs:

Que faisiez-vous au temps chaud?

Pendant ce temps, regardons comment la fourmi se débrouillait à cette époque!

La fourmi observe des règles, elle se prépare, elle travaille et une fois la bise venue, elle peut se réjouir de ses efforts accomplis.

Des règles, eh oui!

Quelles sont ces règles que sûrement Jean de La Fontaine aurait pu demander à ses fourmis d'observer?

Simplement, des règles telles les normes ISO 9000. Mais, sachez tout de même que les normes ISO 9000 que nous expliquerons dans ce guide ne font pas de miracles; elles ne changeront pas vos processus automatiquement et ne rendront pas votre entreprise à l'abri des soubresauts du marché. En fait, aucune technique ou méthode ne peut vous garantir cette performance, bien que voici cinq règles qui sont respectées par toutes les entreprises qui ont connu du succès. Ces règles sont:

- **le produit**
- **l'administration**
- **le marketing**
- **les ressources**
- **le bon moment**

Bien sûr, vous les connaissez, mais les appliquez-vous?

Les normes ISO 9000 peuvent vous aider à appliquer ces règles en vous aidant à mieux connaître et comprendre:

- vos produits, votre administration et vos ressources, vous donnant ainsi la chance de vous améliorer constamment
- vos partenaires économiques ainsi que le marché d'une façon plus générale, ce qui vous aidera à mieux coordonner votre promotion et la sortie de vos produits

Pour avoir plus de détails sur ces cinq règles, référez-vous à la deuxième section du chapitre 4, sous la rubrique, «Cinq règles fondamentales du succès».

Maintenant, le défi est vôtre!
Rappelez-vous la cigale et la fourmi.

Qui voulez-vous être?

<u>*La cigale...*</u>

— *Nuit et jour, à tout venant,*
Je chantais, ne vous déplaise.

<u>*ou la fourmi...*</u>

— *Vous chantiez! J'en suis fort aise.*
Eh bien! dansez maintenant.

Utilisez les renseignements contenus dans ce guide, ils peuvent vous aider lors de votre implantation ISO 9000, mais aussi dans vos pratiques de tous les jours; appliquez ces pratiques correctement et vous aussi vous . . .

en serez fort aise.

À l'Heure de la mondialisation

Chapitre 1

De plus en plus d'entreprises vont exiger de leurs fournisseurs et sous-traitants un contrôle accru et constant de la qualité des produits et services qu'ils livrent.

Les entreprises qui désirent accéder à la mondialisation des marchés vont devoir se pourvoir d'outils de gestion afin d'assurer une qualité constante. La certification ISO devient une nécessité pour plusieurs d'entre elles puisque plusieurs de leurs clients, autant du secteur privé que du secteur public, exigent cette normalisation et standardisation.

Les normes fixées par l'entreprise ou l'organisme gouvernemental lors de sa certification ont un impact sur les sous-traitants à qui il (elle) confie du travail.

À qui sont destinées les informations contenues dans ce guide?

- Aux chambres de commerce, aux chefs d'entreprise ou d'organisme gouvernemental et aux gestionnaires qui désirent en connaître davantage sur la normalisation ISO afin de formuler leurs offres de service ou de produits aux entreprises qui sont ou qui désirent obtenir leur certification ISO 9001, 9002 ou 9003.
- Aux petites et moyennes entreprises qui, pour augmenter leurs chiffres d'affaires, doivent exporter leurs services et produits.
- Aux employé(e)s qui veulent se préparer à la transition.
- Aux services des achats des entreprises certifiées ISO qui désirent informer les sous-traitants ou fournisseurs de services ou produits du nouveau contexte de travail.
- Aux entreprises qui, sans être certifiées ISO, veulent transmettre autant à leurs employé(e)s qu'à leurs directeurs des exemples de standardisation et de normalisation.
- Aux gens tels que les professeurs, gestionnaires et fonctionnaires qui s'intéressent au phénomène de la standardisation et de la normalisation ISO.

Le guide contient de nombreux trucs et astuces qui permettent aux lecteurs d'utiliser les informations pour enchérir leurs façons de faire, sans nécessairement être tenus d'obtenir leur certification. Ces informations touchent la communication, la standardisation des opérations, la normalisation des procédés de travail, l'identification des tâches ainsi que plusieurs recommandations concernant les aspects légaux de leurs opérations. Les auteurs et collaborateurs se considèrent plutôt comme des expérimentateurs que des enseignants. Les principes et exemples contenus dans ce guide sont simples, faciles à appliquer, efficaces et ont été testés en entreprise.

Ce guide est un instrument de travail que vous pouvez modifier à votre guise. N'hésitez donc pas à écrire dans le livre, à modifier les présentations, à personnaliser les mémos et à changer les affiches. Plus cette documentation est adaptée à vos besoins, plus elle sera efficace. Servez-vous de nos succès et de nos erreurs pour que votre projet se déroule de la meilleure manière possible.

Dans ce chapitre, nous allons explorer comment nous devons envisager la normalisation, la standardisation et, peut-être, notre survie face à la mondialisation des marchés.

Qu'est-ce que la normalisation et la standardisation?

La normalisation a pour but d'éliminer des variétés superflues de produits que ce soit au niveau de la qualité ou des dimensions. La standardisation, quant à elle, s'applique à fixer leurs caractères mécaniques, physiques ou autres, ainsi que leurs procédés de fabrication.

La standardisation comprise au sens propre ne se
borne pas à la fixation des caractères particuliers des
choses auxquelles elle s'applique. Elle tend aussi à les
réserver des dangers de confusion et d'incertitude qui
pourraient se manifester à leur endroit.

**Quels sont les degrés de standardisation et de
normalisation?**

Divers degrés se présentent dans la standardisation et
la normalisation. À chacun de ces degrés correspondent
des modalités différentes, soit pour déterminer des
normes, soit pour déterminer des standards, soit pour
pallier les difficultés variables de leur choix.

Leur détermination est plus aisée lorsqu'elle se borne
au choix d'une solution sans qu'il soit motivé par des
raisons spéciales. L'arbitraire en est la seule règle. Il
en est ainsi du choix de dimensions ou de
spécifications que rien de particulier ne conditionne,
au moins dans le cadre de certaines limites. Telles
sont la standardisation et la normalisation de
documents comme certains bordereaux, les types de
portes de bâtiments industriels ou administratifs, etc.
La standardisation revient dans ces conditions au
choix d'une sorte de solution moyenne. Au degré
suivant, la fixation des standards est le résultat
d'observations expérimentales. Dans ce cas, les
standards sont établis d'après des constatations de
caractères déterminés. L'expérience règle les limites
dans lesquelles les standards doivent être contenus.

La systématisation et les normes

L'usage de normes et la pratique de la standardisation sont d'une grande aide dans l'organisation. L'existence de normes et de standards facilite la définition des attributions, auxquelles ils fournissent d'utiles références. L'utilité des normes est, à cet égard, d'autant plus ressentie qu'elles existent de plus longue date et qu'elles sont plus notoirement connues. Elles rendent également service dans la comparaison, en constituant des points de repères susceptibles de se prêter à une comparabilité rigoureuse des choses ou des faits contrôlés. La normalisation va de pair avec l'observation de la règle de l'uniformisation des activités. Le choix des normes aboutit à l'uniformité.

Le contrôle et les normes

L'existence de normes et de standards est précieuse dans la conduite d'usines distinctes placées sous une même direction générale. Elle facilite leur surveillance et le contrôle de leurs résultats respectifs. Elle fournit une commune mesure à la comparaison de la valeur de leurs diverses directions. Elle aide, par conséquent, à entretenir entre celles-ci une émulation salutaire.

Quels sont les résultats de la standardisation?

Les résultats de la standardisation ont été l'objet de diverses tentatives d'estimation. Les indications qu'on en a tirées sont impressionnantes, encore qu'il convienne de se garder d'interpréter inconsidérément leurs chiffres. Les effets de la standardisation ne sont pas comparables dans tous les domaines. Ils dépendent de la nature des fabrications ou du genre des opérations confiées à la main-d'œuvre. Ils sont influencés par les possibilités plus ou moins grandes d'uniformisation des activités auxquelles la fixation de standards et de normes et surtout leur utilisation sont subordonnées. Ils sont, en tout cas, plus apparents lorsque la standardisation est introduite dans une entreprise dont l'organisation était restée rudimentaire ou même inexistante.

Que se passe-t-il en Amérique du Nord?

Plus de 10 000 entreprises en Amérique du Nord ont obtenu leur homologation ISO 9000 et 300 se joignent au groupe tous les mois. À travers le monde, on compte plus de 70 516 certificats ISO 9000 délivrés dans 76 pays à la fin de juin 1994. Ces entreprises se sont avantageusement placées en position d'améliorer le développement de leurs affaires et de conserver, voire même d'augmenter, leur avantage concurrentiel.

De plus, plusieurs paliers de gouvernements incorporent les exigences de l'ISO 9000 dans leurs procédures d'achat. Au Canada comme aux États-Unis, plusieurs provinces et États ont déclaré qu'ils exigeaient la certification ISO 9000 pour plusieurs de leurs activités d'approvisionnement.

Les gouvernements fédéraux aussi ont réitéré leur engagement à l'égard de l'ISO.

L'Union européenne

Avoir un système qualité approuvé ne constitue pas une exigence générale pour tous les produits. Cependant, si on prend l'Europe, l'approbation ou l'enregistrement du système qualité d'un fournisseur constitue un élément clé de ses exigences juridiques pour la certification des produits dans les secteurs suivants:
matériel de terminaux de télécommunication, produits pour la construction; dispositifs médicaux implantables et actifs; matériel de protection individuelle; appareils à gaz; instruments de pesage non automatique; appareils médicaux; ascenseurs; matériel sous pression; embarcations de plaisance; câbles de téléphérage; instruments de mesure et d'essai; matériel devant être utilisé dans des atmosphères explosives et inflammabilité du mobilier. Pour la plupart de ces produits réglementés, l'approbation des systèmes qualité est une méthode permettant de prouver la conformité, mais n'est pas une exigence absolue. D'autres méthodes, ne faisant pas intervenir l'approbation des systèmes qualité, peuvent aussi être admises selon ces directives.

CHAPÎTRE 1

La garantie de qualité

Une question revient souvent dans les échanges entre fabricants et clients: «Pouvez-vous me garantir votre qualité?» Le fabricant est toujours convaincu, bien sûr, qu'il ne réalise que des produits de qualité. Mais que signifie un produit de qualité?

Plusieurs réponses sont possibles:

Selon le client, c'est l'adéquation entre son besoin, exprimé ou non, et le produit, besoin qui est représentatif de l'usage qui va en être fait et qui, par conséquent, inclut aussi bien les caractéristiques propres du produit que celles des services qu'il représente pour lui...
...c'est la qualité appréciée!

Selon le fabricant, c'est le «meilleur» produit qu'il sache réaliser avec des moyens de conception, de production, de contrôle, les compétences de son personnel et ses équipements...
...c'est la qualité mesurée!

Dans un cadre contractuel bien établi, une troisième réponse peut et doit être apportée, c'est celle de l'adéquation du produit et du service fourni par le fabricant à son client sur la base d'un cahier des charges négocié et accepté par les deux parties...
...c'est la qualité convenue ou contractuelle!

Comme on peut l'imaginer, cette qualité convenue est la seule qui permette de satisfaire le client et qui permette également au fabricant de réaliser, en toute tranquillité, dans son entreprise, les produits qu'il sait être en conformité avec les exigences de son client.

À l'heure de la mondialisation des marchés et de la libre circulation des produits, et afin de rivaliser avec la concurrence et d'affronter la globalisation des marchés, les manufacturiers, les fournisseurs de services ainsi que les distributeurs devront obtenir l'homologation aux normes internationales ISO 9000.

Combien coûte la certification ISO?

Bien sûr, le coût de la certification varie selon le nombre d'employés, le type de production et le niveau de service. Par contre, la meilleure façon d'évaluer les coûts c'est d'analyser l'impact sur le chiffre d'affaires et de l'augmentation de vos exportations. Voici quelques chiffres tirés du magazine *Commerce* publié par les éditions Transcontinental de Montréal en novembre 1995.

(En dollar canadien)
IMPACT SUR LE CHIFFRE D'AFFAIRES
(en milliers de $)

	1993	1994	94-93
ISO 9001	564 526	579 023	3 %
ISO 9002	811 131	1 382 743	70 %
ISO 9003	155 432	176 150	13 %
TOTAL	1 531 089	2 137 916	40 %

IMPACT SUR LES EXPORTATIONS
(en milliers de $)

	1993	1994	94-93
ISO 9001	239 909	308 398	29 %
ISO 9002	543 219	923 722	70 %
ISO 9003	107 000	125 764	18 %
TOTAL	890 128	1 357 884	53 %

COÛT GLOBAL DE LA DÉMARCHE
(en milliers de $) (employé-e-s)

	50-99	100-199	200-399
ISO 9001	80 000	150 000	300 000
ISO 9002	85 000	120 000	270 000
ISO 9003	55 000	N \ D	N \ D

(En Franc belge)
IMPACT SUR LE CHIFFRE D'AFFAIRES
(en milliers de FB)

	1993	1994	94-93
ISO 9001	12 336 669	12 653 474	3 %
ISO 9002	17 725 764	30 217 285	70 %
ISO 9003	3 396 678	3 849 431	13 %
TOTAL	33 459 112	46 720 192	40 %

IMPACT SUR LES EXPORTATIONS
(en milliers de FB)

	1993	1994	94-93
ISO 9001	5 242 766	6 739 466	29 %
ISO 9002	11 871 044	20 186 232	70 %
ISO 9003	2 338 286	2 748 339	18 %
TOTAL	19 452 097	29 674 038	53 %

COÛT GLOBAL DE LA DÉMARCHE
(en milliers de FB) (employé-e-s)

	50-99	100-199	200-399
ISO 9001	1 748 251	3 277 972	6 555 944
ISO 9002	1 857 517	2 622 377	5 900 349
ISO 9003	1 201 923	N \ D	N \ D

(En Franc français)
IMPACT SUR LE CHIFFRE D'AFFAIRES
(en milliers de FF)

	1993	1994	94-93
ISO 9001	2 025 569	2 077 585	3 %
ISO 9002	2 910 409	4 961 403	70 %
ISO 9003	557 704	632 042	13 %
TOTAL	5 493 682	7 671 030	40 %

IMPACT SUR LES EXPORTATIONS
(en milliers de FF)

	1993	1994	94-93
ISO 9001	860 814	1 106 559	29 %
ISO 9002	1 949 117	3 314 395	70 %
ISO 9003	383 925	451 252	18 %
TOTAL	3 193 857	4 872 206	53 %

COÛT GLOBAL DE LA DÉMARCHE
(en milliers de FF) (employé-e-s)

	50-99	100-199	200-399
ISO 9001	28 7047	538 213	1 076 426
ISO 9002	30 4987	430 571	968 784
ISO 9003	19 7345	N \ D	N \ D

(En Franc suisse)
IMPACT SUR LE CHIFFRE D'AFFAIRES
(en milliers de FS)

	1993	1994	94-93
ISO 9001	483 575	518 494	3 %
ISO 9002	694 818	1 184 463	70 %
ISO 9003	133 143	150 890	13 %
TOTAL	1 311 537	1 831 348	40 %

IMPACT SUR LES EXPORTATIONS
(en milliers de FS)

	1993	1994	94-93
ISO 9001	205 507	26 4175	29 %
ISO 9002	465 323	791 264	70 %
ISO 9003	91 656	107 729	18 %
TOTAL	762 487	1 163 169	53 %

COÛT GLOBAL DE LA DÉMARCHE
(en milliers de FS) (employé-e-s)

	50-99	100-199	200-399
ISO 9001	68 528	128 490	256 981
ISO 9002	72 811	102 792	231 283
ISO 9003	47 113	N \ D	N \ D

(En dollar U.S.)

IMPACT SUR LE CHIFFRE D'AFFAIRES
(en milliers de $ US)

	1993	1994	94-93
ISO 9001	411 882	422 460	3 %
ISO 9002	591 807	1 008 860	70 %
ISO 9003	113 404	128 520	13 %
TOTAL	1 117 093	1 559 840	40 %

IMPACT SUR LES EXPORTATIONS
(en milliers de $ US)

	1993	1994	94-93
ISO 9001	175 039	225 009	29 %
ISO 9002	396 337	673 955	70 %
ISO 9003	78 068	91 758	18 %
TOTAL	649 444	990 722	53 %

COÛT GLOBAL DE LA DÉMARCHE
(en milliers de $ US) (employé-e-s)

	50-99	100-199	200-399
ISO 9001	58369	109441	300 000
ISO 9002	62017	87553	270 000
ISO 9003	40128	N \ D	N \ D

Selon le journal *LES AFFAIRE$,* édition du 25 mai 1996 «...Une très grande majorité des entreprises enregistrées aux États-Unis ont affirmé tirer des avantages, tant à l'interne qu'à l'externe, de l'enregistrement. Elles sont 85 % à noter des avantages externes et 95 % à noter des avantages internes. D'ailleurs, la plupart des entreprises interrogées disent avoir l'intention de demander l'enregistrement pour d'autres de leurs emplacements. Parmi les avantages externes les plus importants, les entreprises citent la perception d'une meilleure qualité (83 %), un avantage concurrentiel (70 %), la réduction des audits clients (56 %), une demande client améliorée (29 %), une augmentation des parts de marché (18 %), et un cycle de produits moins long (6 %). Parmi les avantages internes, les entreprises citent une documentation améliorée (88 %), une plus grande sensibilisation à la qualité chez les employés (83 %), des communications internes améliorées (53 %), une productivité et une efficacité accrues (40 %), une réduction des rebuts et des reprises (19 %) et une augmentation des ventes (5 %).

Pourquoi les entreprises s'enregistrent-elles?
Pour les avantages qualité (77 %), les avantages concurrentiels ou le fait de devenir fournisseur privilégié (73 %), parce que le client l'exigeait ou le suggérait (68 %), dans le cadre d'un mandat d'entreprise ou d'une stratégie globale (27 %) ou à cause des exigences européennes (23 %).

Dans cette démarche, les entreprises disent avoir consacré 21 % de leur temps à créer les processus, 12 % en formation, 11 % en audits, 10 % à la création du système qualité et 9 % à la gestion du projet.»

L'obligation contractuelle

Aujourd'hui plusieurs entreprises doivent mettre en application un modèle de système qualité ISO 9000 uniquement pour satisfaire à une obligation contractuelle; elles pourraient finir par en retirer plus que ce qu'elles avaient escompté. À la longue, leur système qualité leur rapportera au centuple.

Synonyme de meilleure qualité est meilleure productivité. Est-il plus logique de fabriquer 100 unités par jour pour en jeter 15 que d'en produire 90 pour les vendre toutes en satisfaisant 90 clients?

La mise en œuvre d'un système qualité peut contribuer à réduire le temps d'inactivité et à libérer les gestionnaires de façon à leur permettre de créer de nouveaux débouchés pour la compagnie plutôt que de passer un temps précieux à essayer de résoudre des problèmes.

Des études ont démontré qu'une augmentation de 5 % de la conservation des clients peut se traduire par une hausse des profits de 30 à 60 %.

En fin de compte, les avantages se situent au niveau de l'amélioration du travail en équipe et des économies financières découlant de l'existence de produits de plus haute qualité, de la diminution de la casse et du remaniement du travail, ainsi que des économies de temps au plan de la vérification par le client. Au début, tout effort visant à améliorer la qualité nécessite des dépenses supplémentaires en temps et en ressources financières, mais celles-ci peuvent s'avérer être de loin inférieures aux pertes d'argent – et de marchés – que peut occasionner l'absence de la qualité. Le fait de se conformer aux exigences d'ISO, ou même de les dépasser, devient une stratégie essentielle de la concurrence pour toutes les entreprises.

Une stratégie pour survivre

Vous êtes un petit poisson dans la grande mare et nager parmi les gros poissons peut être un problème. Au lieu d'essayer de les combattre il serait préférable de travailler avec quelques-uns d'entre eux.

La flexibilité est la clé du succès pour plusieurs petites entreprises de l'an 2000. Au nom de la flexibilité, plusieurs employeurs transfèrent leur force de travail d'employés vers la sous-traitance. D'autres, le font simplement puisque la compétition est déjà engagée dans ce processus.

Pour d'autres grandes entreprises l'utilisation de l'impartition permet de fournir l'expertise sur mesure pour répondre aux besoins.

Aussi pour certaines entreprises cela veut dire une réduction des coûts relatifs au personnel, des frais de financement et des états financiers qu'ils doivent fournir pour répondre aux diverses exigences des gouvernements.

Dans tous les secteurs, on constate une augmentation de l'impartition, qu'il s'agisse de sous-traitance, de co-traitance ou de concession. Selon les cas, les entreprises impartissent des fonctions, ou la production de sous-systèmes ou de composants. Êtes-vous une entreprise qui songe à l'impartition? Êtes-vous un travailleur autonome ou une petite entreprise qui désire sous-traiter? Vous devriez analyser de près tous les aspects de la situation.

L'entreprise et la sous-traitance

L'entreprise est certifiée ISO 9000, le chapitre 6 de ce livre permet de vous familiariser avec les exigences de ce type de sous-traitance. L'entreprise non certifiée, aussi, évalue son efficacité et celle des sous-traitants potentiels avant de décider de «faire faire». Voici quelques questions que la plupart des gestionnaires se posent:

- L'entreprise réalisera-t-elle des économies?
- Offrira-t-elle un meilleur service ou un meilleur produit?
- Le sous-traitant respectera-t-il l'échéancier?
- L'entreprise deviendra-t-elle dépendante du sous-traitant, ou le nombre de sous-traitants dans le secteur lui assure-t-il une certaine indépendance?
- Le contrat contient-il des clauses qui permettent des ajustements dans les prix et les quantités?
- Quel sera l'impact de l'impartition sur le personnel de l'entreprise?

- Le sous-traitant se conforme-t-il aux normes ISO de l'entreprise contractante?

Les entreprises certifiées ISO investiront le temps et l'argent nécessaires à l'étude des dossiers des sous-traitants potentiels, surtout lorsque le contrat est important. Elles se sont donné des normes en ce sens. Les certifiés ISO porteront une attention particulière à la santé financière du sous-traitant, à son mode de gestion et à sa capacité d'innover. L'entreprise assurera ainsi des relations harmonieuses une fois le contrat signé.

Pourquoi la réingénierie des processus?

Dans les milieux d'affaires, la «réingénierie de processus» est à la mode. Au Canada, aux États-Unis, en Allemagne comme au Japon, elle garantit presque toujours des améliorations significatives.

Essentiellement, il s'agit de méthodes pour créer des processus plus efficaces, efficients et adaptables dans l'entreprise, afin d'améliorer sa performance. La réingénierie de ses processus d'affaires peut rapporter gros autant à une grande entreprise qu'à une PME, dans la mesure où elle respecte certaines règles. Les normes ISO apportent cette flexibilité.

Le sous-traitant doit engager le pas s'il désire survivre. Il devra comprendre la situation et faire un bilan de son organisation. Un des principaux défis du sous-traitant est de développer une vision pour satisfaire sa clientèle. Mais surtout il devra implanter le changement et améliorer de façon continue les règles tout en gardant une vue d'ensemble, et maintenir le cap en évitant de revenir aux vieilles habitudes.

La réingénierie peut viser aussi bien une simple amélioration des processus qu'une innovation totale. C'est à vous de juger de l'approche qui convient le mieux, selon les lacunes de vos entreprises, vos objectifs et le risque que vous êtes prêt à courir.

La certification ISO 9000 est-elle nécessaire?

Le processus de certification ISO 9000 est peut-être la façon ultime de satisfaire votre clientèle qui exige le suivi des procédures qu'elle s'est fixées. Par contre, le coût associé à cette tâche de certification est peut-être au-dessus de vos moyens.

Beaucoup d'organisations font face, depuis un certain temps, à l'obligation, de la part des donneurs d'ordre, d'obtenir l'enregistrement ISO 9000, sans nécessairement avoir les connaissances et l'expertise pour effectuer une telle démarche.

Pour pallier cette réalité, les chapitres suivants fourniront les renseignements permettant de vous faire une idée plus claire de la certification ISO 9000.

Pourquoi ISO 9000?

Chapitre 2

La plupart des organisations du globe devront se soumettre aux normes ISO 9000 d'ici quelques années, que ce soit pour répondre aux exigences de leurs clients ou pour tout simplement suivre le marché. Notre objectif est de vous faire voir les normes ISO 9000 comme une occasion favorable et non une obligation.

À ceux et celles qui désirent ou qui doivent s'engager dans un processus de certification, nous vous offrons de précieux conseils, anecdotes et méthodes basés sur nos expériences d'implantation d'ISO 9000 et sur l'expertise de nos diverses sources.

À ceux et celles qui font de la sous-traitance, pour des entreprises certifiées ISO, nous offrons des solutions et conseils qui vous permettront de faire des affaires avec ces entreprises sans nécessairement obtenir une certification.

À ceux et celles d'entre vous qui ne sont pas encore concernés par les normes ISO 9000, mais qui sont constamment à la recherche de méthodes et d'informations nouvelles, nous vous offrons des renseignements sur ISO 9000 mais aussi sur plusieurs points d'intérêt pour votre entreprise.

Nous nous considérons plutôt comme des expérimentateurs que des enseignants. Nos principes et exemples sont simples, faciles à appliquer, efficaces et ont été testés en entreprise.

Votre entreprise a-t-elle besoin d'ISO 9000?
Pourquoi devriez-vous faire certifier votre entreprise?
Que cela peut-il vous apporter?
En quoi consistent les normes ISO 9000?

Ces questions sont tout à fait légitimes, encore plus si aucune pression extérieure ne vous pousse à vous engager dans une démarche de certification.

Les réponses à ces questions se trouvent dans votre milieu de travail et auprès de vos employés, de vos clients et de vos fournisseurs.

Vous devez trouver les réponses à ces questions afin de prendre une décision sur la façon de vous adapter au phénomène ISO et, si tel est le cas, pour l'expliquer à tous vos employés.

Mais avant tout, sachez ceci:

Au besoin, les normes ISO 9000 peuvent vous aider à:

- régulariser vos opérations et votre production
- mieux gérer l'information à l'intérieur de votre entreprise
- clarifier vos relations avec vos clients et vos fournisseurs
- établir des statistiques fondamentales afin de vous informer de la situation de votre entreprise
- donner à votre entreprise une saveur professionnelle et internationale vous ouvrant, par le fait même, de nouveaux marchés
- et ce, que vous décidiez d'obtenir votre certification ou non

Sachez toutefois que les normes ISO ne peuvent pas résoudre tous vos problèmes de qualité ni empêcher une compagnie de déclarer faillite.

Les normes ISO comme telles n'améliorent pas automatiquement la qualité.

Par contre, elles vous donnent d'une manière constante de meilleures informations sur le niveau de qualité que vous êtes en train de produire. Par conséquent, vous pouvez mieux identifier et éliminer la non-qualité.

Chapitre 2

De meilleures informations permettent de prendre de meilleures décisions, vous aidant ainsi à améliorer le niveau de qualité de votre entreprise.

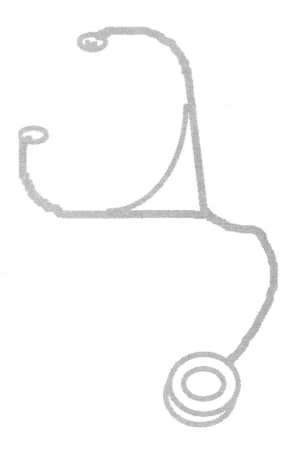

Tableau A

La certification ISO dans votre entreprise

Décrivez ci-dessous l'impact des normes ISO sur votre entreprise.

On parle de qualité, mais qu'est-ce que ça signifie? Êtes-vous obligé d'obtenir une certification ISO?

Les définitions traditionnelles de la qualité se résument en deux phrases:

1. La qualité représente un produit ou un service qui dépasse constamment et efficacement les critères et les attentes de chaque client.

2. La qualité représente l'absence de défauts et le respect des normes (de sécurité, environnementales, etc.) dans tout produit, service et processus, nous assurant ainsi la satisfaction des clients et des organismes de normalisation.

CE N'EST PAS TOUT

Cette façon de voir la qualité, quoique toujours valide, est aujourd'hui insuffisante. On doit y rajouter les éléments suivants:[1]

- **La qualité, c'est l'amélioration continue de vos produits et services**
  Étonnez votre client avant qu'un de vos concurrents ne le surprenne lui-même avec une innovation séduisante. Ne vous contentez pas de tout simplement lui fournir ce qu'il demande.

---

[1] Jacques Mathieu, J.Mathieu inc.

- **La qualité, c'est la vitesse**
La durée du temps d'exécution est un élément critique du cycle de la qualité. Vous devez être capable de produire mieux et plus rapidement. Plus votre temps d'exécution est rapide, moins les coûts sont élevés.

- **La qualité, c'est la compétitivité dans les coûts**
Si vous croyez que plus un produit coûte cher, plus il est de qualité, détrompez-vous! Cela n'est vrai que lorsque le coût total dépend du coût des composantes (par exemple: une montre en or). Cependant, plusieurs des besoins et désirs de vos clients sont un résultat du processus de transformation plutôt que des composantes elles-mêmes. C'est le système qui produit la qualité. Certaines méthodes, comme la production «Juste-à-temps», peuvent réduire considérablement les coûts.

- **La qualité est créatrice de richesse**
Création de richesse veut dire ici l'apport à la société. Lorsque de nouveaux produits ou services sont créés, des emplois sont générés, des techniques sont apprises. Ceci résulte en un gain pour l'entreprise mais aussi pour la société en général.

N'oubliez pas que:
1. une hausse de qualité ne signifie pas une hausse des coûts
2. l'amélioration du processus de fabrication peut abaisser les coûts
3. pour la majorité des entreprises, entre 10 % et 40 % de leurs coûts de fonctionnement servent à réparer ce qui a été mal fait

Et vous, combien dépensez-vous?

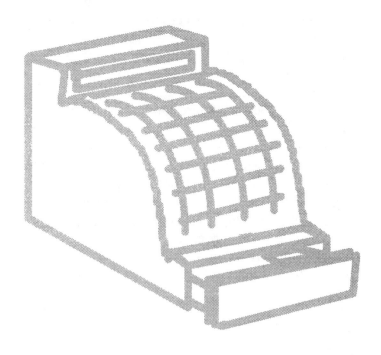

Tableau B

Les dépenses reliées à l'absence de qualité dans votre entreprise

Inscrivez ci-dessous votre estimation des dépenses dues à l'absence de qualité dans votre entreprise.

Peut-on affirmer, quand même, que la qualité est fondamentalement orientée vers le client?

En effet, ce sont vos clients qui décident de votre niveau de qualité, en le comparant avec celui de vos compétiteurs. Un produit ou service de qualité a une valeur ajoutée et c'est pourquoi un client le recherche. Assurez-vous que ce sont vos produits ou vos services qui sont recherchés. De plus, essayez de comprendre les besoins de vos clients afin de les étonner avec de nouveaux produits qui vont au-delà de leurs attentes.

Doit-on également satisfaire aux différentes normes?

Exactement: il n'y a pas que les clients qui décident de la qualité d'un produit/service. Les bureaux de normalisation peuvent aussi influencer la qualité d'un produit.

Par exemple...

Un client achète, à un prix qui le satisfait, une voiture d'un certain type qui vient avec une excellente garantie et toutes les options qu'il désire. La voiture est livrée sans délai, sans défauts et par du personnel compétent et serviable. Tout semble indiquer au client que sa voiture est un produit de qualité. Pourtant, si la voiture ne satisfait pas aux normes environnementales par rapport à l'émission de produits toxiques tel que le monoxyde de carbone, il ne s'agit pas d'un produit de qualité.

La norme environnementale internationale de l'avenir est ISO 14000.

Elle est effective depuis 1996 et comportera:
- une partie organisationnelle:
  afin de normaliser la vérification de la performance environnementale et l'harmonisation des systèmes de gestion environnementale
- une partie relative à l'évaluation des produits:
  dans le but d'uniformiser l'analyse des cycles de vie et l'étiquetage des produits.

En fait, la norme ISO 14000 établira des règles internationales d'évaluation de la performance environnementale des entreprises afin de normaliser le processus d'évaluation et d'uniformiser les critères par lesquels les différentes entreprises seront mesurées.

N'oubliez pas que le respect de l'environnement fait aussi partie de la qualité!

Peut-on affirmer que la qualité signifie aussi la constance?

Oui, car il ne suffit pas de faire une seule fois un produit qui satisfasse aux différentes normes et aux critères de vos clients, vous devez le faire à chaque fois, c'est-à-dire faire preuve de constance.

Prenez garde...
de ne pas interpréter le terme «constant» comme synonyme de permanent. La qualité signifie d'être constant par rapport à une norme que vous avez

établie, mais que vous pouvez changer au besoin dans le but de vous améliorer.

La qualité signifie aussi l'amélioration, mais qui passe par la modification de vos normes.

Qu'est-ce qu'une norme?

Une norme est un accord documenté contenant:
- des spécifications techniques
- des critères précis devant être utilisés systématiquement en tant que:
  - règles,
  - lignes directrices, et
  - définitions de caractéristiques.

Ces normes sont nécessaires afin d'assurer que des matériaux, des produits, des processus et des services soient aptes à être utilisés.

Par exemple...

En Amérique du Nord, les pointures des chaussures sont normalisées. Si vous chaussez la pointure 9, peu importe la marque et le magasin, la chaussure devrait vous aller car les pointures sont **normalisées.** Une chaussure de pointure 9 sera la même partout.

Par contre, cette norme n'est pas internationale; si vous allez en Europe et demandez une chaussure de pointure 9, vous aurez des surprises...

Maintenant que vous comprenez le concept de la norme, connaissez-vous des exemples de normalisation internationale?

À part les normes ISO, un exemple classique est celui du «BIG MAC®» de McDonald's. Partout où vous allez dans le monde où les cultures varient, les mœurs changent, les religions s'affrontent et les traditions diffèrent, vous êtes certain de manger un «BIG MAC®» qui a exactement le même goût que celui du McDonald's de votre quartier.

Pourquoi? Parce que le «BIG MAC®» est un standard de par le monde. Peu importe l'endroit, il est cuit pendant le même laps de temps, dans le même type de four et par un employé formé selon les critères de McDonald's. De plus, on y met les mêmes ingrédients et le produit est emballé de manière identique. *Voilà une vraie norme,* on vous garantit d'avoir entre vos mains le même «hamburger» n'importe où dans le monde.

McDonald's ne vous garantit pas que vous aimerez le «BIG MAC®» car c'est une question de goût. Mais si vous l'aimez dans une succursale, vous l'aimerez partout sur le globe.

C'est la même façon de procéder avec les normes ISO.

Si vous êtes certifié ISO 9000, cela ne garantit pas à vos clients qu'ils seront toujours satisfaits, mais qu'ils sauront toujours à quoi s'attendre. Les normes ISO 9000 vous garantissent la constance, c'est-à-dire que ce qui est fait suivra toujours les normes que vous avez établies.

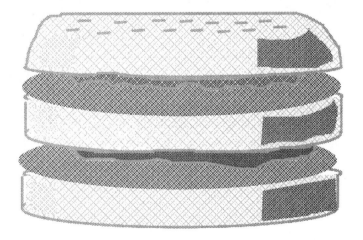

Tableau C

Les normes dans votre entreprise

Inscrivez ci-dessous les normes utilisées dans votre entreprise.

Qu'est-ce qu'ISO ?

Chapitre 3

La signification d'ISO est: l'Organisation internationale de Normalisation *(International Organization for Standardization).*

Il s'agit d'une fédération mondiale d'organismes nationaux de normalisation de quelque 100 pays, créée en 1947, et qui compte un organisme par pays. Sa mission est de favoriser le développement de la normalisation et des activités connexes dans le monde, en vue de faciliter les échanges de biens et services entre les nations et de développer la coopération à l'échelle mondiale dans les domaines intellectuel, scientifique, technique et économique.[1]

Les travaux de l'ISO aboutissent à des accords internationaux qui sont publiés sous la forme de normes internationales. La série des normes ISO 9000 en est un bon exemple.

---

[1] Plusieurs informations concernant les normes ISO viennent d'ISONET, le site internet d'ISO.

Pourquoi le nom ISO?

Le mot ISO est dérivé du grec ISOS, qui signifie égal. Ce mot est utilisé comme racine du préfixe ISO dans une multitude d'expressions telles que isométrique (dont les dimensions sont égales), isonomie (égalité devant la loi) et en physique pour la cristallisation uniforme. Du sens égal à la notion de norme, le cheminement conceptuel menant au choix d'ISO comme nom de l'organisation est facile à saisir. En plus, le nom ISO a l'avantage d'être commun aux trois langues officielles de l'organisation: l'anglais, le français et le russe.

Qu'est-ce qu'ISO 9000?

À quand remontent les normes ISO 9000?

Elles furent publiées en 1987 et ont depuis été adoptées par plus de 70 pays, notamment par l'Union européenne, les États-Unis et le Canada. La version la plus récente date de 1994, il s'agit de la version révisée des normes de 1987. Une troisième version est prévue en 1999-2000 et mettra davantage l'accent sur l'approche humaine de l'entreprise. Ces modifications rendront les normes ISO 9000 encore plus performantes et mieux adaptées au marché de l'an 2000.

Malgré leur jeune âge, les normes ISO 9000 ont su s'imposer à l'échelle mondiale à une vitesse phénoménale. En fait, rares sont les normes qui ont pu s'appliquer aussi efficacement et aussi rapidement.

Peut-on affirmer que les normes ISO 9000 sont un étalon international?

Tout à fait. Ces normes sont reconnues comme un véritable étalon pour mesurer la qualité dans le contexte des échanges commerciaux.

Comment fonctionnent-elles?

Contrairement à de nombreuses normes qui contiennent des spécifications techniques relatives à un produit, un matériau ou un processus particulier, l'ISO 9000 contient des lignes directrices, dites génériques, pour la mise en place de systèmes qualité dans les industries de fabrication et les sociétés de services qui œuvrent dans tous les secteurs.

Par conséquent:

- c'est vous qui établissez le niveau de qualité que vous produirez
- c'est vous qui établissez vos propres normes
- c'est vous qui, aidés de vos clients, de vos employés et de vos fournisseurs, établissez les critères

En fait, la série des normes ISO 9000 fournit:

- des lignes directrices pour la gestion de la qualité d'une entreprise quelconque (un système de qualité)

- des modèles d'assurance de la qualité pour les relations entre l'organisme concerné et ses clients ou le public

Qu'est-ce qu'un système de qualité?

Un système de qualité comprend les programmes de gestion de la qualité, les plans et la structure organisationnelle. C'est un système autogéré, c'est-à-dire que c'est vous qui créez les bornes et les critères de votre système. Une fois établis, ils doivent être respectés par tout le monde.

Par contre, sachez qu'un système de qualité n'est pas automatiquement garant d'un produit de qualité...

Seulement des gens qui travaillent en équipe peuvent offrir cette garantie...

Qu'est-ce que l'assurance-qualité?

C'est un programme planifié qui couvre tous les processus nécessaires afin de **garantir** (d'où le terme assurance) que le produit ou service final se conformera aux critères préétablis.

En résumé, l'assurance-qualité mesure l'efficacité de votre système de qualité vous fournissant ainsi des informations fondamentales sur toute la structure de vos opérations.

Qu'est-ce que le contrôle de la qualité?

C'est un processus constant par lequel la performance de la qualité est mesurée et comparée par rapport à des normes préétablies par l'entreprise. Selon les différences, diverses solutions tant administratives qu'opérationnelles peuvent être apportées.

En fait, c'est la comparaison d'un produit, d'une pièce et/ou d'un processus avec une norme spécifique à satisfaire. Le contrôle de la qualité est une constatation qui est faite après que la pièce ou le service ait été produit. On mesure ce qui a déjà été fait afin de mieux faire à l'avenir.

Quelle est la différence entre ISO 9001, 9002, 9003, 9004-1?

D'abord, on parle des normes ISO 9000 comme d'une catégorie comprenant les normes 9001, 9002 et 9003. ISO 9000 en fait s'appelle: «normes de gestion de la qualité et d'assurance-qualité, lignes directrices pour la sélection et l'utilisation». Elles vous expliquent les termes clés et vous aident à faire votre choix entre ISO 9001, 9002 et 9003, vous donnant même la possibilité de les personnaliser.

9001: S'applique aux entreprises qui font de la recherche et du développement, de la production, de l'installation, de la distribution et du service.

9002 S'applique aux entreprises qui font de la production, de l'installation, de la distribution et du service. En fait, c'est la même chose que 9001, la recherche et le développement en moins.

9003: S'applique aux entreprises qui font de la distribution ou qui offrent des produits ou services relativement simples à produire et à vérifier.

9004-1: Est un guide qui explique comment développer un système de qualité, l'implanter et classer les différents critères qui y sont reliés. Vous ne pouvez pas obtenir une certification ISO 9004-1.

Beaucoup de gens croient que les normes ISO 9002 et 9003 sont moins reconnues que la norme 9001 et cette croyance est véhiculée par certains consultants. En réalité, elles ne sont pas moins performantes ou strictes, cependant elles couvrent moins de champs d'activités.

Par exemple...

Si vous ne faites pas de recherche et de développement, pourquoi alors obtenir une certification ISO 9001?

En effet, il est préférable d'obtenir une certification ISO 9002 ou 9003. Si vous choisissez quand même ISO 9001, cela vous coûtera plus cher en frais de consultation, il vous faudra plus de temps et, par conséquent, il y aura plus d'heures / personne à rémunérer. De plus, le registraire (ce terme sera expliqué dans les pages qui suivent) ne tiendra même pas compte de cette partie de la norme tant que vous ne ferez pas de recherche.

Choisissez donc la norme la mieux adaptée à votre champ d'activités. Vous pourrez ensuite la faire évoluer en ajoutant ou en soustrayant certains éléments.

Pourquoi les normes ISO 9000 connaissent-elles un tel succès?

- **Un langage commun de qualité**
  La qualité, tout comme la beauté, réside peut-être bien dans la perception de celui qui regarde mais, dans un contexte commercial, le fournisseur et le client doivent pouvoir parler un langage commun. Or, les normes ISO 9000 sont bâties autour de la notion de qualité comme traduisant l'aptitude d'une entreprise à livrer de façon régulière un produit ou un service qui satisfasse et dépasse les exigences de sa clientèle.

- **Un bon outil dans une situation économique difficile**
  Le succès des normes ISO 9000 est, entre autres, relié au fait que leur introduction sur le marché survient à un moment opportun. La série de normes apporte des réponses concrètes à quelques-unes des grandes préoccupations actuelles du monde des affaires.

Tout d'abord, la suppression ou l'érosion des marchés protégés crée la nécessité, pour une entreprise, d'assurer une qualité optimale de ses produits ou services si elle veut survivre dans des conditions de libre concurrence. Les lignes directrices fournies par ISO 9000 permettent à une entreprise de mettre en œuvre un système de gestion de la qualité, sur la base de meilleures pratiques internationales, et donnent un cadre de travail pour l'amélioration continue.

- ***Pour rassurer les clients***
  Aujourd'hui, peu d'entreprises sont totalement indépendantes de leurs partenaires économiques. Dans les relations interentreprises, une organisation qui applique elle-même les normes ISO 9000 peut s'en servir pour stimuler la confiance de ses partenaires commerciaux. Par exemple, vos clients peuvent alors éviter les nombreuses opérations, qui sacrifient temps et argent, qu'entraîne l'inspection des biens et services commandés auprès de votre organisation, car ils font confiance à votre système de gestion de la qualité.

- ***Pour percer de nouveaux marchés***
  Enfin, dans le contexte actuel d'internationalisation croissante des marchés, une preuve de conformité à un modèle d'assurance-qualité ISO 9000 peut être avantageusement utilisée par une compagnie exportatrice qui veut se faire accepter par de nouveaux marchés. En offrant une solution de rechange cohérente et mondialement reconnue,

ISO 9000 permet plus facilement une ouverture sur les divers marchés.

On pourrait comparer les normes ISO 9000 à un passeport... Si votre compagnie n'est pas certifiée, elle aura de la difficulté à participer aux transactions économiques internationales.

Pensez-y...

Une bonne implantation d'un système de qualité représente des économies à long terme, une compétitivité accrue, une efficience supérieure, des procédures et des descriptions de tâches documentées pour former les nouveaux employés et une base fondamentale pour l'amélioration continue.

En effet, les standards ISO 9000 exigent que tous les processus soient complètement documentés et suivis pour en assurer la consistance. N'oubliez jamais que **la documentation est la fondation d'un système de qualité.**

Vous devez:

...Dire ce que vous faites

...Faire ce que vous dites...

Finalement, le but général des normes ISO 9000 est de tout simplement rendre une entreprise plus disciplinée, en s'assurant qu'elle a mis en place des procédures documentées et qu'elle peut prouver objectivement qu'elle suit ces dernières.

Même si vous n'êtes pas tenu par vos clients certifiés d'obtenir vous-même une certification, vous devrez quand même vous assurer de satisfaire leurs normes d'une façon constante. Le non-respect de leurs normes peut en effet entraîner la perte de la certification ISO. Vous avez donc la responsabilité, en tant que sous-traitant, de vous assurer de maintenir la chaîne de qualité de votre client en respectant ses normes.

Que touchent les normes ISO 9000?

L'implantation des normes ISO 9000 comprend la réalisation de plusieurs étapes pour la plupart des processus organisationnels concernés dans la livraison des produits et services de l'entreprise. Les normes ISO 9000 définissent quels processus organisationnels doivent être analysés et documentés en fonction du champ d'exploitation de l'entreprise.

Si l'entreprise fait de la recherche et du développement, de la production, de l'installation, de la distribution et du service, c'est la norme ISO 9001 qui s'applique.

La norme ISO 9002 s'applique aux entreprises qui ont les mêmes activités que celles utilisant la norme ISO 9001, à l'exception de la recherche et du développement. Ces entreprises fabriquent des produits conçus à l'extérieur.

La norme ISO 9003 s'applique aux entreprises de services et de distribution.

L'échec lors de la certification par le registraire[2] :

40 % des entreprises échouent lors de leur première tentative pour obtenir leur certification!

Qu'est-ce qui cause l'échec?

Où?
Pourquoi?
Où les compagnies échouent-elles?
Quel élément est le plus souvent raté?

Un contrôle des documents et de l'information inadéquat représente la plus grande source d'erreur pour les entreprises qui ont échoué; en effet, 20 % de tous les échecs sont dus à cette négligence.

---

[2] Rob Murakami, *How to implement ISO 9000*, CMA magazine, mars 1994, p.18

79

Et vous, à quel(s) élément(s) devrez-vous être particulièrement attentif?

Pourquoi les compagnies échouent-elles?

Pour plusieurs raisons, mais la plus grande cause d'échec est la non-participation des employés. Les normes ISO 9000 ne peuvent pas être implantées que par un petit groupe de personnes; tous, à tous les échelons de l'entreprise, doivent participer pour assurer le succès du nouveau système.

Vous devez être en mesure de vendre le projet à vos employés, c'est-à-dire de les intéresser, de les faire participer, de les responsabiliser et de leur montrer votre confiance en eux et votre positivisme face au changement.

Ce n'est, bien sûr, pas la seule étape difficile du défi que représente une certification ISO 9000. La création, l'implantation et la vérification des procédures ainsi que la conception du système de qualité sont des tâches qui ne sont pas à négliger. C'est pourquoi beaucoup d'entreprises font affaire avec des firmes de consultants qui les aident et les guident tout au long du processus d'implantation des normes ISO 9000. Quoique la liaison avec une firme de consultants soit recommandée, elle n'est pas obligatoire.

Comment réaliser le changement?

Chapitre 4

Le concept d'implantation et de gestion du changement en est un qui est à la fois très clair et très flou. En effet, il est explicite et facile à comprendre dans les livres. Par contre, il est difficile à appliquer dans la vie réelle des entreprises.

Dans cet ouvrage, nous nous efforçons de vous faire saisir ce concept d'une façon simple et précise et de vous aider à l'appliquer afin que votre entreprise en tire profit.

Cette partie du chapitre a pour but de vous informer, mais aussi de vous faire réaliser que les techniques proposées tout au long de ce livre sont basées, d'une part sur l'expérience de ceux qui ont réussi et, d'autre part, sur les principes de base de la gestion des ressources, qu'elles soient monétaires, humaines ou matérielles. L'objectif de cet ouvrage est de réunir les informations dont vous avez besoin pour mener à bien votre projet ISO.

De fait, il ne faut pas l'oublier, les normes ISO 9000 exigent des changements substantiels au niveau de la mentalité, de l'interprétation du travail et de la circulation de l'information. Vous devez être conscient de ces changements et préparer votre équipe à relever le défi.

Afin de partager ces connaissances, nous allons traiter des sujets suivants:

1. *Quels sont les effets de la résistance aux changements?*
2. *Comment implanter un ou des changement(s)?*
3. *Comment gérer les conflits? (Des changements peuvent entraîner des conflits et c'est à vous de transformer ces conflits en aspects positifs.)*
4. *Qui sont les nouveaux leaders? (Ce sont eux les instigateurs du changement.)*
5. *Comment fonctionne le concept d'équipe?*
6. *Que peut-on apprendre de Napoléon?*

1. Quels sont les effets de la résistance aux changements?

Qu'apportent les changements?

Les changements:
- nous forcent à réévaluer notre façon de fonctionner
- nous ouvrent les yeux sur les différentes possibilités

* nous libèrent de nos limites

Ces limites sont souvent créées par des paradigmes[1].
Qu'est-ce qu'un paradigme?

C'est un filtre à travers lequel les personnes perçoivent la réalité, c'est-à-dire les événements, les idées, les techniques... En fait, ce filtre représente leurs valeurs et leurs croyances.

Ce filtre est basé sur leur expérience, leur éducation, leur culture ou tout autre aspect influençant leur perception.

À quoi servent les paradigmes?

Les paradigmes, en mesurant les informations que nous percevons:
* nous aident à établir des frontières
* nous fournissent des règlements pour réussir

Les paradigmes ne sont pas nécessairement néfastes; ils le deviennent lorsqu'ils nous empêchent d'appréhender et d'accepter les changements.

Les paradigmes peuvent faire en sorte que nous acceptions seulement ce que nous voulons ou croyons possible.

---

[1] Le futurologue Bob Barker, dans un vidéo intitulé LES PARADIGMES, 1990.

Vos paradigmes peuvent vous empêcher de:
- saisir de nouvelles occasions
- découvrir de nouvelles stratégies
- percer de nouveaux marchés
- trouver des solutions à vos problèmes

Pourquoi?

Lorsque les mentalités changent, les marchés et la perception des acheteurs changent;
il y a un changement paradigmatique.

Lorsqu'un paradigme change, tous retournent au point zéro.

Vos succès du passé, si importants soient-ils, ne vous garantissent rien.

Ne vous faites pas prendre à regarder le futur à travers vos vieux paradigmes.

Vous devez anticiper ces changements; voir au-delà de vos paradigmes afin de précéder ou même de créer de nouvelles tendances et perceptions.

Voici un exemple bien connu où le refus de changer s'est avéré très néfaste:

L'horlogerie suisse, d'une renommée centenaire, détenait en 1968 environ 65 % du marché et 80 % des profits.

En 1978, soit dix ans plus tard, sa part de marché se situait à moins de 10 % et l'industrie a dû mettre à pied 50 000 de ses 65 000 employés pendant cette période.

Qui domine l'horlogerie maintenant?

Les Japonais, encore une fois...
Pourtant, en 1968, ces derniers n'avaient aucune part de ce marché.

Que s'est-il passé?

Un changement paradigmatique a remis l'industrie à zéro.

Les règles ont changé et les Suisses se sont retrouvés en retard par rapport à leurs concurrents.

La montre à quartz, digitale et fonctionnant à pile, sans mécanisme, a pris la plus grande part du marché.

Qui en sont les inventeurs?

Des chercheurs suisses! En effet, ces chercheurs ont présenté cette idée aux manufacturiers de montres suisses en 1967, et le concept fut immédiatement rejeté.

Comment cela est-il possible?

Les manufacturiers suisses étaient aveuglés par le vieux paradigme qui représentait leur succès.

Eux seuls savaient comment faire des montres et ils étaient sûrs que c'était le seul type de montre viable. Cette invention ne pouvait être la montre de l'avenir; elle n'avait pas de mécanisme, pas de pierres et aucun ressort principal.

D'ailleurs, les manufacturiers étaient si sûrs d'eux qu'ils n'ont même pas protégé leur invention.

Quelques mois plus tard, les chercheurs ont exposé leur invention à la foire annuelle de l'horlogerie.

Une compagnie américaine, Texas Instruments, et une compagnie japonaise, Seiko, ont jeté un coup d'œil à leur invention et, ce faisant, sont passées à l'histoire.

Ne vous faites pas prendre à ce petit jeu, les conséquences peuvent être désastreuses...

2. COMMENT implANTER UN OU dES chANGEMENTS?

Héraclite, philosophe grec mort en 480 avant J.-C., a dit: «Le changement est naturel et fécond, il est un tremplin vers demain». Malheureusement, l'histoire nous prouve que le changement n'est pas si naturel et qu'il est très difficile à implanter, car souvent contesté par les gens concernés.

Avant tout changement, un gestionnaire avisé devrait se poser les deux questions suivantes:

- Quelle devrait être notre stratégie pour atteindre un avantage concurrentiel substantiel?
- Lorsque cette stratégie est choisie, comment l'implanter?

Obstacles au changement

Le côté humain est souvent négligé lors de l'implantation du changement. Pourtant, ce côté influence grandement la réussite du projet.

Dans la plupart des cas, toute l'énergie est dépensée à créer la machine, le processus ou la méthode, en pensant qu'elle va s'implanter d'elle-même.

Le changement, même positif, est difficile à faire accepter par les gens concernés s'il n'est pas présenté correctement.

Ces gens, les usagers qui doivent s'approprier ce changement, sont maintes fois oubliés:

Ils ne sont pas consultés.
Ils ne sont pas informés.
Ils ne sont pas formés.

Souvent, lorsqu'un changement leur est imposé, le résultat final est la frustration, la résistance et même le sabotage.

Alors comment implanter le changement?
Y a-t-il une recette miracle?

Oui!... Mais, pour être réussie, elle doit être suivie à la lettre.

Cette recette est une adaptation des recherches et conclusions de MM. Carl Arendt, Russ Landis et Tony Meister, qui sont tous trois consultants pour le *Westinghouse Productivity and Quality Center (WPQC)*[2]. Leurs recherches démontrent que lorsque des entreprises réussissent à implanter le changement:

- Sept éléments sont toujours présents – *Les ingrédients*
- Quatre rôles sont assumés – *Les outils*
- Six étapes sont exécutées – *La marche à suivre*

Quels sont les ingrédients? (N'oubliez pas de les inclure tous dans la recette...)

1. Une force motrice
C'est la raison du changement. Celle-ci doit être claire et comprise de tous.

2. La vision
Une vision globale doit être présente. Celle-ci indique ce que l'entreprise veut devenir, ce qu'elle sera après le changement.

---

[2] C.H. Arendt, R.M. Landis, and A.B. Meister, «The human side of change», Industrial Engineering Solutions, mai 1995, p. 22

3. Le leadership

Il doit y avoir un chef (instigateur) qui dirige le changement. D'habitude, le chef est un membre de la direction et il oriente la force motrice et la vision. C'est lui le «pilote».

4. La participation

Les employés qui subissent le changement doivent connaître la force motrice et la vision, en plus de participer activement tant à la création du changement qu'à son implantation.

5. La communication

Une communication saine et continue est d'une importance capitale. Les employés doivent être assurés que toute l'information leur est transmise.

6. L'entraînement

La plupart des changements impliquent que les employés concernés ont besoin d'apprendre ou de perfectionner leur art afin de relever ces nouveaux défis.

7. Le renforcement

Vous devez constamment encourager vos troupes et reconnaître les employés qui font du bon travail.

Toute implantation, comme celle de votre projet ISO 9000, doit absolument contenir TOUS ces ingrédients pour réussir.

- *De quels outils avez-vous besoin?*

Dans toute bonne recette, le choix des bons outils est d'une importance capitale. Les quatre rôles suivants doivent être assumés par des personnes qualifiées:

1. **Le champion:**
   L'individu qui est l'instigateur du changement proposé. En fait, il n'est pas obligé d'en être l'instigateur, mais il doit être la personne à qui on associe le changement. Pour votre implantation des normes ISO 9000, c'est le coordonnateur du projet.

2. **Le commanditaire:**
   Un individu dont l'autorité a un impact sur le changement. Généralement, les projets sont commandités par le président ou un membre de la haute direction.

3. **Les agents du changement:**
   Les gens qui font partie des équipes de transition et qui coordonnent et participent à l'implantation du changement.

4. **Les cibles:**
   Ceux qui sont touchés par le changement. Ils doivent, eux aussi, croire au projet et en voir les intérêts. Ils doivent absolument être tenus au courant.

- *Quelle est la marche à suivre?*

Quels ingrédients mélanger avec quels outils et quand...

La marche à suivre représente les étapes fondamentales à suivre pour assurer le succès du changement. Ces étapes sont:

1. Définir le changement
L'idée est parfois proposée par le champion et il est fréquent qu'il en fasse la promotion. C'est à cette étape que le champion doit établir la force motrice, définir la vision et déterminer les cibles du changement.

2. Trouver le commanditaire
Ce commanditaire, qui a le pouvoir de débloquer des ressources pour le bien du projet, établira avec le champion les objectifs du projet et aidera à motiver tout le personnel. Sa présence apportera du sérieux au projet. (L'inverse est possible; parfois les projets viennent d'en haut, c'est-à-dire que le commanditaire doit se trouver un champion pour véhiculer un projet commandité.)

3. Identifier et former les agents de changement
Vous devez choisir les bons agents de changement (les membres du comité d'implantation du projet ISO 9000). Ces agents doivent avoir:
- le respect des commanditaires
- la confiance des cibles

Ils doivent aussi être formés de façon à instaurer un concept d'équipe et à développer l'habileté de motiver et d'obtenir des résultats. *Ils doivent devenir des leaders.*

4. **Évaluer le degré de préparation de l'entreprise**
Il est essentiel que les attitudes et demandes de toutes les personnes concernées par le changement soient évaluées et comprises par les agents de changement, le commanditaire et le champion.

Si la force motrice ou la vision sont mal définies, le sentiment d'appartenance et l'engagement en souffriront.

Si les cibles ne voient pas le besoin de changer, ou sont peu disposées au changement, le projet sera compromis.

Assurez-vous que votre équipe est prête...

5. **Créer une stratégie d'implantation**
Tout au long de l'implantation, créez un climat qui favorise la discussion et l'amélioration. La stratégie doit tenir compte du fait que les objectifs, la force motrice, la vision et les gains et pertes reliés à la réussite ou à l'échec doivent être constamment communiqués à toute l'équipe.

6. **Implanter et évaluer**
Pendant l'implantation, des distractions peuvent survenir, des employés peuvent se démotiver et le progrès peut parfois sembler inexistant.D'où l'importance capitale de suivre

la stratégie d'implantation et de continuellement mesurer et évaluer la performance du projet. Le progrès doit être communiqué à tous et valorisé par tous. Vous devez **constamment** faire du renforcement positif en encourageant, félicitant et valorisant ceux qui ont facilité l'évolution du projet.

En suivant cette recette à la lettre, vous ne réussirez rien de moins qu'un chef-d'œuvre...

3. COMMENT GÉRER LES CONFLITS?

Qui dit changement, dit conflit potentiel.

Pour chaque changement proposé, bon ou mauvais, une opposition se fait sentir, un conflit se prépare.

Dans un processus de changement, il y a toujours des gens qui se sentent menacés et d'autres qui craignent de perdre leurs privilèges. Par conséquent, le changement génère toujours de l'opposition.

Doit-on essayer de l'éviter?

Vous devez confronter cette opposition, vous devez défendre et faire valoir votre projet sans toutefois l'imposer.

Auparavant...

Un gestionnaire était jugé sur sa façon de gérer sans créer de conflit. Tous s'entendaient pour prêcher le bon fonctionnement et l'harmonie.

C'est toujours vrai mais...

Un bon gestionnaire doit savoir tirer profit d'un conflit et le transformer en apport positif pour son équipe.

Gardez en tête que tout conflit peut avoir des retombées favorisant le développement de votre entreprise.

Tout ce qui ne vous tue pas vous rendra plus fort...

Une gestion sans conflits n'existe pas, il faut savoir les résoudre et les utiliser.

Vous êtes conscient des désavantages (pertes de temps, confrontation...) des conflits mais vous êtes-vous déjà demandé quels sont les avantages des conflits?

Y a-t-il des avantages aux conflits?

Certainement...

Un conflit bien géré:
- Amène le changement...
  Des discussions sont engendrées et des questions posées. Si les différentes idées sont bien débattues et que les personnes concernées discutent dans le but de trouver une solution viable pour tous, des améliorations en résulteront.

- Fait prendre conscience des problèmes...
  «Un problème accepté est à moitié résolu.» Le
  conflit aide à prendre conscience des tensions,
  difficultés et divergences d'opinions.

- Stimule la créativité et la participation...
  La remise en question est une source de créativité.
  La pire chose qui puisse arriver à une proposition,
  c'est qu'elle ne soit pas contestée ni débattue. Le
  conflit pousse les instigateurs de la proposition à
  travailler encore plus fort.

  Par exemple, chez 3M, un projet peut être rejeté
  ou reporté plusieurs fois avant d'être accepté.
  Cette tactique a pour but de pousser les
  instigateurs et créateurs du projet à mieux faire.
  La situation conflictuelle maximise leurs talents
  car ils doivent repenser leur projet et l'améliorer
  jusqu'à la quasi-perfection.

- Représente une source d'énergie...
  Le conflit poussera les gens à se surpasser, à aller
  chercher le meilleur d'eux-mêmes. Si tous ces
  gens pleins d'énergie s'affrontent et ne
  s'entendent pas, cela peut devenir très néfaste. Par
  ailleurs, si leurs énergies sont dirigées vers un but
  commun, ils performeront comme jamais
  auparavant.

**Ce qui est le plus néfaste, c'est de laisser des
conflits non réglés.**

Chapitre 4

Lorsqu'un conflit voit le jour, assurez-vous:
- qu'il soit entièrement réglé plutôt que de le régler plus rapidement mais à moitié
- que tous soient conscients du problème et de ses répercussions
- que tous soient décidés à le régler

Qu'il soit positif ou négatif, un conflit doit être réglé convenablement.
Malheureusement, il n'y a pas de recette magique (cette fois-ci).

Afin de régler avec succès tout type de conflit, cherchez à créer des situations gagnantes, c'est-à-dire où il y a consensus et où des objectifs communs et réalisables sont mis en place afin de régler la situation instigatrice du conflit.

Ne réglez pas uniquement les conflits, réglez les causes...

Vous devez éviter les arbitres, les compensations et le refoulement qui ne font que reporter les conflits.

Travaillez avec les gens concernés par le conflit, car il n'y a qu'eux qui puissent véritablement le régler. Tentez de les aider, de leur faire voir les différents points de vue, mais ne tentez pas de régler le conflit à leur place; s'ils sentent que l'entente ne vient pas d'eux, le conflit n'est pas réglé. Faites-leur confiance et cette confiance vous sera rendue.

Un spécialiste de la gestion du conflit, M. C. B. Derr, a écrit un article intitulé «La gestion des conflits organisationnels»[3]. Dans cet article, M. Derr énumère des conditions favorisant la résolution des conflits.

Ces conditions sont:

- **Le temps**

  Des conflits peuvent prendre quelque temps avant d'être réglés. Cependant, il est préférable de régler ceux-ci définitivement que de les régler trop rapidement et d'avoir à recommencer plus tard.

- **L'égalité de pouvoir et d'autorité des parties**

  Chaque partie doit avoir la chance de défendre ses opinions et d'avoir son mot à dire sur le mode de résolution du conflit. Si une partie est écrasée par une autre qui a plus de pouvoir, le conflit n'est pas réglé.

- **Appui de l'entreprise pour trouver des solutions**

  La haute direction doit être consciente du conflit et doit fournir des idées et des ressources afin d'en arriver à une solution.

- **Respect mutuel malgré les divergences d'opinions**

  S'il n'y a pas de respect, il n'y a pas d'entente.

- **Confiance envers les membres du groupe et en l'entreprise**

  Les parties doivent être confiantes que tous, incluant la haute direction, font des efforts pour trouver une solution et qu'ils vont y parvenir.

---

[3] C. B. Derr, «Managing Organizational Conflicts», California Management Review, vol.21, n° 2, hiver 1978, p.76.

- **Discussions axées non pas sur les divergences d'opinions, mais sur la résolution du problème et sur la stratégie pour l'atteindre**
  Les gens concernés doivent réaliser qu'ils font partie d'une grosse équipe et qu'ils tentent, tous ensemble, de résoudre un problème.
- **Partage des idées et bonne communication de l'information**
  L'information doit être à la portée de tous afin que chaque individu soit au courant de toutes les causes, conséquences, ressources et possibilités reliées au conflit.

Ces quelques pages traitant des aspects positifs des conflits ne régleront pas tous vos problèmes conflictuels. Nous les avons incluses dans cet ouvrage afin de vous faire réaliser que la plupart des conflits font ressortir des problèmes cachés et que, quelquefois, ces conflits sont l'occasion rêvée de régler définitivement de sérieux problèmes jusque-là négligés.

Bien gérer les conflits, n'est-ce pas là une caractéristique souhaitée des nouveaux leaders?

4. Qui sont les nouveaux leaders?

Ces chefs sont l'âme du changement, ce sont eux qui doivent créer et propager cette mentalité. Ils pavent le chemin avec leurs visions, leurs idées et leur ouverture d'esprit. Ce sont des capitaines, des entraîneurs et des chefs d'orchestre, mais ils sont aussi des joueurs d'équipe.

Ils ne se servent pas de leur autorité pour diriger, mais plutôt d'arguments pour convaincre.

Le leadership est un des facteurs de succès d'un projet de certification ISO. Les leaders, dans votre entreprise, doivent assumer un rôle de premier plan afin d'entraîner les autres employés. Par ailleurs, ces mêmes leaders peuvent faire échouer le projet s'ils travaillent contre vous. Les quelques réflexions présentées dans cette section vous aideront à identifier les leaders et à les stimuler. Établissez ensuite un plan d'action pour les mettre dans le coup...

Les nouveaux leaders doivent savoir faire beaucoup de choses, en voici une liste:
- déléguer et responsabiliser
- respecter et être respectés
- être convaincants et attentifs
- être visionnaires et réalistes
- exiger l'amélioration (transmettre cette mentalité à toute l'entreprise)

Un bon leader fait ressortir le meilleur de ses employés.

Voici plusieurs citations de chercheurs, de professeurs d'université et de grands leaders qui vous démontreront les éléments qui font un bon leader:
- «Le pouvoir doit être l'énergie fondamentale nécessaire pour lancer et soutenir une action ou,

autrement dit, la capacité de traduire l'intention en réalité et de soutenir l'action. Le leadership est l'usage judicieux du pouvoir.»

Warren Bennis; Professeur à l'université de Californie du sud.

- «Les leaders gèrent la mobilisation grâce à une puissante vision capable de faire découvrir aux autres des horizons qui leur étaient jusque-là inconnus.»

Jim Clemer

- «Dans les entreprises de demain, l'autodiscipline devra avoir remplacé la discipline imposée. Les leaders devront obtenir que leurs employés les suivent volontairement, sans qu'ils n'aient à leur imposer quoi que ce soit.»

William J. O'Brien; Président de Hanover Insurance

- «Le leadership est l'exploitation de compétences qu'une majorité possède mais qu'une minorité met en pratique. C'est une technique que n'importe qui peut apprendre et qui est à la portée de n'importe qui. Les leaders sont partout dans une entreprise; tout le monde doit être le leader de quelqu'un, même si ce n'est que de lui-même.»

Art McNeil; Président de la firme Achieve International

- «Les meilleurs leaders sont ceux qui donnent espoir à leur entreprise.»

*Warren Bennis; Professeur à
l'université de Californie du sud*

- «Dans un monde en compétition, le leader ne doit pas tolérer le *statu quo*. Sa tâche doit consister à transformer, métamorphoser et à reconstruire son entreprise continuellement.»

*Noel Tichy; Professeur à
l'université du Michigan*

Les leaders ont la responsabilité de promouvoir et d'exiger le changement. Ils doivent inspirer et propager le désir de s'améliorer. Ils sont des catalyseurs véhiculant le besoin du changement.

Pour vous assurer que vos employés soient motivés et non simplement obéissants, il faut que ces employés, au fond d'eux-mêmes, soient convaincus.

Le leader doit :

1. Les informer
2. Les consulter
3. Les faire participer au processus décisionnel

Tableau D
Les leaders dans votre entreprise

Identifiez les leaders dans votre entreprise et spécifiez s'ils travailleront pour ou contre le projet. Dressez ensuite un plan d'action pour changer leur attitude, si nécessaire.

5. COMMENT FONCTIONNE LE CONCEPT D'ÉQUIPE?

Les leaders sont des chefs d'équipe et un projet de certification, c'est une affaire d'équipe. De plus, une fois la certification obtenue, seul un travail d'équipe vous permettra de la conserver. Il faut que tout le monde travaille en équipe pour assurer la qualité constante des produits et services livrés. Cette section vous présente donc une série de réflexions et concepts que vous pouvez utiliser pour la préparation des sessions de formation destinées à votre personnel.

Cherchez-vous à rester concurrentiel?

Pour ce faire, vous devez constamment:
- raccourcir le cycle de production de vos produits
- augmenter la satisfaction de vos clients, tant au niveau du produit qu'au niveau du service
- améliorer, au besoin, vos méthodes de production et de traitement des informations

Les gestionnaires pensent souvent qu'en changeant la technologie et en modernisant leurs installations, ils règlent automatiquement tous leurs problèmes.

Ce faisant, ils oublient une partie fondamentale de leur entreprise: *leurs employés.* Les nouveaux leaders savent maintenant que, pour réaliser le plein potentiel de la technologie, ils doivent puiser dans l'immense réservoir que représentent les talents, connaissances, expériences et énergies de leur équipe.

Avant, les connaissances d'un employé étaient limitées à des fonctions très précises et cet employé n'avait aucune idée de son rôle dans la chaîne complète de production. C'est encore le cas dans plusieurs entreprises.

Comment fonctionnent les entreprises qui utilisent le concept du travail d'équipe?

Dans un concept de travail d'équipe, les membres de l'équipe doivent faire converger leurs énergies vers le projet final, le gérer comme si c'était le leur (en fait, ce l'est) et accepter toute la responsabilité du résultat.

Ces employés, puisqu'ils effectuent maintenant bien plus qu'une tâche, doivent continuellement développer de nouvelles techniques et connaissances. Les équipes formées par ces individus enrichis deviennent plus efficaces et plus autonomes.

Quelles sont les caractéristiques d'une équipe efficace?

Toute équipe de travail doit avoir:

- **Un but**
  Une mission claire et des objectifs connus de tous. Chaque équipier doit savoir ce qu'il doit faire pour contribuer au succès de l'équipe.
- **Du talent**
  L'équipe devrait avoir le talent nécessaire pour atteindre son but. Les équipiers devraient, de leur propre chef, se former continuellement afin d'assurer la performance de l'équipe.

- **Un rôle**
  Le rôle d'un équipier doit être clairement défini et compris par l'équipier en question **et** par le reste de l'équipe.
- **Des procédures**
  L'équipe doit établir des procédures efficaces à suivre lors de ses opérations et chacun doit s'assurer de les respecter.
- **Des relations interpersonnelles**
  Les membres de l'équipe doivent créer un climat de confiance, de respect et d'excellence tout en s'efforçant de rester objectifs mais flexibles.
- **Des relations extérieures**
  L'équipe doit pouvoir communiquer avec ses clients et fournisseurs externes et doit pouvoir construire des relations de confiance avec son entourage.
- **Du leadership**
  Le chef d'équipe coordonne le projet et s'assure que les objectifs sont clairement définis et atteints. Il doit regrouper les membres de l'équipe, les calmer et les guider lors des situations difficiles.
- **Du renforcement**
  Les membres d'une équipe doivent se soutenir mutuellement, valoriser les contributions de chacun et savoir récompenser sans favoritisme.

- **De la reconnaissance**
  L'équipe doit être récompensée pour ses bons coups par une autorité extérieure légitime afin de

continuer à être motivée, particulièrement lorsqu'elle est en situation de stress.

Ces caractéristiques sont basées sur les études de M. Yash P. Gupta, professeur de management à l'université de Louisville[4].

En implantant le concept d'équipe et en répondant à toutes ces caractéristiques, la corporation aéronautique Lockheed a réussi à réduire le temps pour concevoir et manufacturer des pièces d'avion, faites à partir de feuilles de métal, de 52 à 2 jours!

Par contre, dans un article intitulé «Teams Under Stress», M. Stuart Klein, directeur du Centre de l'Avancement de la Coopération du Travail/Management[5], donne plusieurs exemples où le concept d'équipe a échoué.

Ces équipes, lorsque confrontées à des situations difficiles, ont vu leur cohésion changer:
• les équipiers ont abandonné leur but commun
• une compétitivité interne s'est développée
• une attitude de «chacun pour soi» s'est installée dans l'équipe

---

[4] Yash P. Gupta, «Team Management Concept», Maynard's Industrial Engineering Handbook, fourth edition, 1992, p.7.195.
[5] Stuart Klein, «Teams Under Stress», Industrial Engineering Solutions, février 1995, p.35.

Pourquoi?
Qu'est-il arrivé?

M. Klein indique que dans des situations stressantes, le rôle du chef d'équipe est fondamental. Il doit calmer les esprits et s'assurer que tous les membres foncent dans la même direction.

Il doit assurer la solidarité de l'équipe.
Les équipiers, eux aussi, jouent un rôle primordial dans le succès ou l'échec du concept d'équipe. Ils doivent assumer leur rôle, le comprendre et travailler vers l'objectif commun et ce, en tout temps et dans toutes conditions.

Ceci faisant, l'équipe a d'excellentes chances de bien performer, même dans des conditions difficiles, comme le démontre cet exemple:

La Ford Mustang, édition 1994: «La Mustang réinventée».

L'équipe du projet Mustang, en travaillant dans des conditions des plus difficiles (pression et échéancier), a conçu le prototype de la Mustang, du design à la production, en un temps record et en respectant les budgets.

En fait, même s'ils prennent des chemins différents, M. Gupta et M. Klein vont dans la même direction. Le premier nous donne les caractéristiques de la réussite assurée et le second nous garantit l'échec si nous ne répondons pas à ces mêmes caractéristiques.

Ceci ne signifie qu'une chose: si vous désirez implanter un concept d'équipe, inspirez-vous de ces concepts et vous améliorerez vos chances de succès.

LES cinq règles fondamentales du succès

Bien qu'elles ne garantissent pas le succès, il y a cinq règles fondamentales que l'on retrouve dans toutes les entreprises qui ont du succès. Qu'il s'agisse d'une compagnie, d'une œuvre de charité, d'une association sportive, d'un gouvernement, d'une église, d'une mission sociale ou de gestion, soit militaire, soit ménagère, leurs gestionnaires comprennent et appliquent ces cinq règles fondamentales. Tel que vu dans l'introduction, ces règles sont:

- **le produit**
- **l'administration**
- **le marketing**
- **les ressources**
- **le moment propice**

Les cinq règles fondamentales doivent être comprises et combinées afin de s'harmoniser et de se soutenir l'une l'autre. Ne pas comprendre, contrôler ou garder ces cinq règles dans leur ordre respectif sont les principales raisons d'échec depuis le premier instant où des gens ont commencé à faire des affaires.

L'équilibre:

Parfois, quatre de ces règles peuvent fonctionner parfaitement ensemble, mais si la cinquième n'est pas utilisée, il peut se produire un déséquilibre et ainsi une destruction des efforts partiels et même parfois entiers de l'entreprise. Par exemple, vous possédez un produit de qualité que vous lancez au moment idéal, vous possédez une excellente administration, vous possédez suffisamment de ressources; néanmoins l'utilisation d'une mauvaise technique de marketing peut réduire vos efforts à néant.

On peut avoir le produit parfait, l'administration adéquate, le moment propice d'introduction ainsi qu'une bonne commercialisation; cependant, un manque de ressources pourra entraîner un insuccès. Combiner quatre des cinq règles avec succès mais négliger l'autre peut vous placer devant le danger de l'échec ultime et total.

Une fois que vous comprenez bien l'application des cinq règles, il est facile de comprendre pourquoi la majorité des nouvelles entreprises échouent durant leurs deux premières années d'existence. De celles qui survivent à cette période, seulement une fraction survivra trois années de plus. Plusieurs excellents produits ne réussissent pas à percer le marché simplement parce que ces entreprises n'ont pas tenu compte de chacune des cinq règles fondamentales. De celles qui survivent, beaucoup ne réaliseront jamais leur potentiel réel parce qu'elles n'utilisent pas les règles sous un bon contrôle et mode de fonctionnement.

Le but de cet ouvrage est de fournir des principes fondamentaux qui puissent être compris et appliqués, rapidement et aisément. Une fois que vous comprendrez la mécanique et l'interrelation de ces cinq règles, l'efficacité de votre gestion en sera de beaucoup améliorée.

Gérer les résultats:

Une gestion efficace devrait toujours être claire et simple afin de permettre l'obtention de résultats. L'attrait des théories et principes de gestion ésotériques ne reflète souvent rien de plus qu'une incompréhension importante des théories. Avec peu d'exceptions, les plus grands dirigeants et les plus efficaces ont tous compris et se sont engagés à appliquer les cinq règles dans leur domaine.

L'engagement à l'excellence sera aussi profond que votre engagement envers la philosophie de l'excellence. C'est lorsque nous faisons de bonnes choses pour les bonnes raisons que nous accomplissons notre plein potentiel pour une réussite durable.

Par conséquent, la philosophie de l'excellence ainsi que les cinq règles peuvent vous faire discerner rapidement et efficacement vos faiblesses et vous aideront à les compenser. Le but est de travailler dans l'harmonie, comme une machine finement ajustée, tout en étant capable de prendre conscience de vos faiblesses. De cette manière, vous pourrez employer vos forces efficacement et combler vos faiblesses. Nous allons vous donner une illustration brève de la facilité, avec les cinq règles, d'analyser un projet, une mission ou la structure d'une entreprise.

Afin de vous permettre de comprendre, prenons l'exemple d'une équipe professionnelle de hockey.

Gérer l'équipe:

Dans le jeu de hockey, l'équipe de joueurs est le produit. Si elle peut produire un jeu de qualité, elle a un résultat de qualité. L'entraîneur et les gestionnaires composent l'administration de l'équipe. Le marketing fait des efforts de promotion afin d'accroître l'assistance lors des matches et d'augmenter l'intérêt des gens pour ce sport. Les ressources sont le talent des joueurs et du personnel ainsi que le capital requis pour les acquérir. Le moment propice est la règle fondamentale qui est vitale pour la réussite de toutes les autres règles.

Pour l'équipe de hockey, l'usage du moment propice de jeu (produit) est assez évident: faire le bon jeu au bon moment, etc. Mais, le moment propice est essentiel comme règle dans chacun des autres services relatifs à l'équipe afin d'assurer une bonne coordination de l'ensemble. Les campagnes de promotion seront plus efficaces si elles sont effectuées à la fin de l'été car c'est à ce moment-là que les gens reprennent de l'intérêt pour ce sport.

Elles peuvent avoir peu d'effet si elles sont effectuées lors de la saison estivale à cause de l'intérêt des gens pour le base-ball en cette période. L'administration tiendra compte du moment comme base pour prendre la plupart de ses décisions. Par exemple, sachant l'âge et l'état de santé de ses joueurs actuels, elle devra déterminer quand embaucher ou recruter de nouveaux joueurs pour les positions vacantes. Une équipe qui connaît le succès utilise adéquatement chacune des cinq règles.

Utiliser les cinq règles afin de discerner les forces et les faiblesses des autres équipes peut jouer un grand rôle dans la planification de la stratégie de votre équipe. Le fait de savoir que le produit de votre concurrent est fort en défense à la ligne bleue vous permet de vous pencher davantage sur votre attaque. Vous utiliserez de longues passes afin de déjouer sa défense et ainsi éviter de vous confronter à sa force. Considérer les forces et les faiblesses de votre adversaire vous aidera à formuler de meilleures stratégies.

Le filon:

Chaque entreprise accorde plus ou moins d'importance à chacune des cinq règles. Un équilibre parfait est toutefois très difficile à maintenir. Ainsi, lorsqu'un conseil d'administration décide de donner un nouveau souffle à l'entreprise en nommant un président très fort en marketing, l'application des autres règles risque d'en souffrir. Il en sera de même si l'accent est plutôt mis sur l'administration. L'équilibre doit s'établir à long terme.

Il est rare que nous trouvions une entreprise qui entretienne une harmonie constante dans tous les secteurs essentiels. Comme des jongleurs faisant tournoyer leurs assiettes au cirque, les dirigeants renforcent généralement davantage un groupe tout en laissant l'autre réduire son efficacité.

Malgré tout, avec une meilleure compréhension de ces principes de base, on peut réussir à coordonner toutes les règles. Il est crucial de respecter ces règles pour la santé et la pérennité d'une entreprise. Beaucoup d'entreprises qui ont échoué auraient pu réussir si elles avaient compris et appliqué ces principes. Certaines d'entre elles ferment leurs portes, comprenant que leur temps est terminé. Par ailleurs, elles auraient pu fermer dans la gloire au lieu de la défaite et de la ruine.

Comprendre ces simples principes peut ériger une solide fondation pour percevoir et prévoir les éléments nécessaires à la réussite.

Dans les chapitres suivants nous citerons différents exemples d'entreprises, d'organisations et de spécialistes. Cette méthodologie permettra de faire ressortir votre créativité dans l'application des principes, si bien que vous pourrez aisément les appliquer à votre situation.

6. Que peut-on apprendre de Napoléon?

La simplicité dans la diversité:

Si vous avez de la perspicacité et de l'imagination, vous pourrez littéralement voir comment les plans de batailles de Napoléon peuvent vous aider au magasin, à l'usine, au bureau ou même à la ferme. Si vous voulez réussir, votre situation à l'usine ou au bureau peut requérir autant de courage, de détermination et de perspicacité que le meilleur entraîneur de hockey. Les règles de base pour tous et chacun sont essentiellement les mêmes. Elles s'appliquent à la plus grande corporation, aux services gouvernementaux et même aux entreprises à propriétaire unique.

Napoléon, sans le savoir, employait dans sa planification militaire le principe des cinq règles. Il mesurait la valeur stratégique de son armée et l'améliorait (le produit). Il formait ses officiers à penser de façon tactique et les motivait avec ses propres visions (administration). Il était un maître de la levée des capitaux, des troupes et du ravitaillement nécessaire (les ressources). Sa vision et sa direction inspiraient la France et parfois les sujets des royaumes ennemis (la commercialisation). De plus, il utilisait constamment le moment propice comme arme puissante. Il échoua seulement lorsqu'il négligea une des ces règles.

Vous l'avez remarqué, ces règles sont la base d'une saine gestion; elles sont connues mais négligées de presque tous. Ceux qui les respectent sont ceux qui réussissent.

Voulez-vous être parmi ces derniers?

Pourquoi la gestion de projet?

Chapitre 5

Pourquoi la gestion de projet?

La gestion de projet existe au moins depuis l'apparition d'une forme quelconque de communication écrite. Si cela n'était pas le cas, les merveilles du monde n'auraient jamais été construites et le commerce en serait encore au stade du troc. Voici quelques exemples qui vous prouvent son existence.

Un exemple parfait demeure la Grande Muraille de Chine érigée au IIIe siècle avant J.-C. Des milliers de personnes se sont acharnées pour la construire. On devait fournir les matières premières aux artisans afin qu'ils puissent fabriquer les briques nécessaires à la construction, fournir la nourriture pour les travailleurs(euses),

mettre en place un système adéquat d'hygiène afin d'éviter les maladies, concevoir l'agencement de l'architecture, etc. La construction d'un tel monument a donc requis une grande coordination et planification.

Plus de deux mille ans plus tard, à la fin de la deuxième Guerre mondiale, le plan du général Marshall formulé par les Américains est un autre excellent exemple. À ce moment-là, l'Europe était en ruine et l'Amérique se lançait dans un plan ambitieux de «crédit-bail», de prêt de matériel et de main-d'œuvre, etc. Grâce à ce plan, l'Europe s'est reconstruite très rapidement... parlez-en aux Allemands!

Comme vous avez pu le lire, à maintes reprises la gestion de projet a permis de faire des miracles!

De plus, ce procédé a évolué énormément au cours des vingt dernières années grâce à de nouvelles techniques dont, bien sûr, les systèmes informatiques.

Malheureusement, même encore de nos jours, beaucoup de gens croient que les techniques de gestion de projet ne s'appliquent qu'au domaine de la construction ou à de grands projets.

Détrompez-vous!

Les techniques de gestion de projet peuvent s'appliquer à tout type de projet, incluant bien sûr une implantation d'un système de qualité ISO 9000.

Plutôt méconnue dans le passé, la gestion de projet est maintenant devenue la base d'une proportion majeure de l'activité économique: la gestion du changement.

Qu'est-ce qu'un projet?

Projet: un ensemble d'activités avec un point de départ défini dont la réalisation est représentée par des objectifs spécifiques à atteindre.

Caractéristiques des projets:

1. Les projets sont composés d'activités
Généralement, les activités sont non répétitives et peuvent être liées ou non, c'est-à-dire interdépendantes. Ainsi, une activité ne peut commencer que si une autre est terminée.

2. Les projets impliquent divers types de ressources
Les ressources peuvent être humaines, matérielles ou monétaires. Ces ressources doivent être efficacement dosées afin d'exploiter les avantages reliés à chacune d'elles.

3. Les projets peuvent générer des conflits
Ces conflits sont souvent dus à la diversité des ressources, à leur utilisation et à la direction générale du projet.

Les gestionnaires du projet doivent savoir gérer les conflits.

4. Les projets, et non seulement les résultats, doivent être gérés

Afin d'assurer la réussite d'un projet, vous devez gérer et planifier les activités et non simplement les résultats. Dans le cas de votre projet ISO 9000, l'implantation du système de qualité et le changement des mentalités représentent le projet tandis que la certification est le résultat du projet.

Plus tard, l'entretien de votre système de qualité pourra faire l'objet d'un projet à très long terme (continu).

Comment gérer un projet?

Sans avoir la prétention d'affirmer que nous vous transformerons en spécialistes de la gestion de projet, voici certains éléments que maîtrisent les champions de la gestion de projet[1]:

- **Gestion de l'étendue**
  1. L'identification et la documentation des objectifs.
     Quels sont vos objectifs?
     Que représentent-ils?
     Quels sont les moyens dont vous disposez pour les atteindre?
  2. L'établissement de la stratégie.
     Comment procéder?
     Quels moyens utiliser pour arriver à vos fins?
     Ce point représente l'intention par rapport aux méthodes et aux procédures à utiliser.

---

[1] Francis M. Webster Jr, Éditeur en chef, Project Management Institute.

3. La planification des étapes.

   Quelles sont les étapes?

   Dans quel ordre les effectuer?

   Est-ce que certaines étapes sont interdépendantes?

4. Diviser les étapes en activités, puis les subdiviser.

   Que comporte chaque étape?

   Quels sont les objectifs de chaque étape?

   Quoi faire pour les atteindre?

- **Gestion du temps**

   1. Estimation.

      Combien de temps allouer à chaque étape, chaque activité?

      À quel moment réaliser chaque étape?

   2. Ordonnancement.

      Quelle est la séquence à utiliser?

      Comment agencer les étapes et les activités?

      Comment les étapes sont-elles interreliées?

   3. Contrôle.

      Est-ce que la durée de chaque étape correspond à vos estimations?

      Est-ce que le projet sera terminé dans les délais prévus?

Cet élément tient compte de la comparaison entre ce qui se passe et ce qui était prévu et des modifications à apporter pour retrouver le cours normal du déroulement des opérations.

- **Gestion des coûts**

   1. Estimation.

      Quels sont les frais reliés au projet?

      Quels sont les frais engendrés par les délais?

2. Budget.
   Combien devrait coûter chaque tâche?
   Quelles sont les variations budgétaires
   permises?
3. Contrôle.
   Est-ce que le projet se déroule à l'intérieur des
   limites budgétaires?
   Quelles sont les activités les plus coûteuses?
   Comment y remédier?

- **Gestion des risques**
  1. Identification.
     Quels sont les risques relatifs au projet?
     Quelles situations seraient les plus néfastes
     pour le projet?
  2. Solutions à prévoir.
     Comment éviter les situations déplaisantes?
     Comment y remédier?
     Comment s'assurer qu'elles ne soient pas
     répétées?

- **Gestion des ressources humaines**
  1. Allocation.
     Qui fait quoi?
     Pourquoi?
     Comment répartir le travail des employés entre
     le projet et leurs tâches quotidiennes?
     Y a-t-il des employés qui ne devraient pas
     travailler ensemble?
     Ici, le gestionnaire doit s'assurer que chaque
     activité est soumise à des gens qui ont le temps
     et la capacité de l'exécuter.

2. Contrôle.

   Est-ce que chacun assume ses tâches comme prévu?

   Y a-t-il des conflits de personnalité?

   Si oui, comment les régler?

Posez-vous ces questions lors de la création de votre modèle de gestion de projet.

La sous-traitance

Chapitre 6

Vous n'avez pas de certification ISO 9000?

Préparez-vous à des changements dans vos procédés à l'interne. En effet, les entreprises ayant obtenu leur certification ISO 9000 vérifieront la conformité de vos procédés avant même de vous envoyer une demande de soumission.

Si vous êtes déjà sous-traitant d'une compagnie qui vient d'obtenir la certification ISO, vous devrez plus ou moins implanter les mêmes contrôles de qualité que ceux de votre client car vous êtes en quelque sorte une extension de son entreprise. Les produits que vous fabriquez sont intégrés à d'autres produits homologués ISO 9000.

Vous devez donc vous préoccuper de la qualité et de l'impact de la certification ISO de vos clients sur vos propres procédés de contrôle.

À titre de fournisseur de services, vous n'êtes pas exempté. Les services reliés à la livraison de produits ou services homologués ISO 9000 doivent être réalisés selon les mêmes normes.

La première partie du chapitre traite des obligations du sous-traitant qui fabrique des produits tandis que la deuxième partie traite de la livraison des services.

Avant d'être accepté comme sous-traitant auprès d'une compagnie dont les procédés sont certifiés ISO, vous devrez généralement prouver que votre entreprise et vos procédés respectent les mêmes normes. Sans être certifié ISO 9000, vos procédures de contrôle de qualité peuvent quand même satisfaire aux critères de cette norme.

Votre client potentiel voudra s'assurer de l'efficacité de vos contrôles avant de vous donner un contrat de sous-traitance. Il veut s'assurer que vous êtes en mesure de respecter les contrôles de qualité que la norme ISO lui impose. À cette fin, il vous fera probablement remplir un questionnaire et il se rendra sur votre lieu de travail pour vérifier comment vous appliquez les normes de contrôle de qualité.

Cette section présentée sous forme de questions, donne un aperçu des contrôles que vous aurez à effectuer et à implanter au besoin, dans votre entreprise. Prenez le temps de répondre à ces questions afin d'évaluer l'efficacité de vos procédés de contrôle de qualité.

Si vous avez déjà des procédures de contrôle de qualité très sévères, vous répondrez sans doute oui à la majorité des questions présentées dans ce document.

Qualité des procédés et des systèmes

Votre système de contrôle de qualité

- Y a-t-il un manuel d'assurance de la qualité clairement endossé par la direction de l'entreprise?

- Ce manuel contient-il les procédures de contrôle de qualité et les responsabilités des divers départements?

- Avez-vous une liste qui vous permette de contrôler le nombre d' exemplaires en circulation du manuel d'assurance de la qualité, ainsi que les dates de mise à jour?

- Les coûts relatifs aux contrôles de qualité sont-ils identifiés, analysés et présentés périodiquement à la direction?

- L'amélioration de la qualité et la réduction des coûts relatifs à la qualité font-ils partie des objectifs du personnel de l'entreprise?

- Révisez-vous périodiquement les procédures de contrôle de qualité et leur compréhension par le personnel?

Le contrôle de la qualité des produits que vous développez

- Les nouveaux développements sur les produits existants sont-ils revus afin de déterminer s'ils respectent les critères de qualité et de fiabilité?

Le contrôle de la qualité des produits de vos fournisseurs

- Comment évaluez-vous la qualité des produits de vos fournisseurs?

- Avez-vous un programme d'évaluation et de qualification de vos fournisseurs?

- Ce programme d'évaluation des fournisseurs vous permet-il d'évaluer périodiquement la performance de vos fournisseurs en ce qui a trait à la qualité des produits, le niveau des prix et les délais de livraison?

- Pour les produits de vos fournisseurs, avez-vous des procédures qui vous permettent de déterminer les causes de la non-conformité et les correctifs requis?

- Quels sont les procédures et contrôles exercés à la réception des produits en provenance de vos fournisseurs?

- Avez-vous une procédure d'inspection qui vous permette de vérifier si les matières ou produits livrés sont conformes aux spécifications de la commande?

- Les résultats de ces inspections sont-ils conservés, compilés et analysés périodiquement pour déterminer la performance de vos fournisseurs?

- Comment sont traités les produits non conformes? Sont-ils stockés dans une zone distincte ou identifiés?

- Quelles sont les mesures prises pour préserver la qualité des matières premières et des produits en provenance de vos fournisseurs, avant le moment de leur utilisation?

Évaluation de la qualité de vos produits et de vos procédés

- Vos opérateurs ont-ils continuellement en main les instructions les plus récentes et les dernières révisions des dessins d'atelier?

- Comment contrôlez-vous la calibration des outils de l'atelier?

- Vos opérateurs ont-ils reçu une formation adéquate et ont-ils suivi un programme de certification lorsque requis?

- Pour les produits en cours de fabrication, comment l'opérateur peut-il savoir quelles sont les opérations réalisées sur le produit ainsi que le résultat des inspections? Ces informations sont-elles spécifiées sur la feuille de route du produit? Utilisez-vous un système informatique pour saisir ces informations directement sur le plancher d'usine et pour les afficher sur des terminaux, sur demande?

- Les procédures de manutention permettent-elles de préserver la qualité des matières premières et des produits en cours de fabrication?

- Comment sont traitées les données d'inspection en atelier? Les données sont-elles compilées et analysées périodiquement?

Qualité des informations

- Comment gérez-vous les informations relatives aux inspections de produits, aux tests et aux certifications? Ces informations sont-elles faciles à retracer, à consulter et à compiler?

- Utilisez-vous un système informatique pour la collecte, la classification et l'analyse de ces informations?

Les équipements de mesure

- Les équipements de mesure utilisés pour les inspections sont-ils différents de ceux utilisés en production?

- Les équipements de mesure sont-ils périodiquement ajustés à partir d'un étalon? La prochaine date de vérification de l'étalon est-elle indiquée sur chaque outil?

- Les employés utilisent-ils des outils de mesure qui leur appartiennent? Dans ce cas, comment assurez-vous le contrôle sur l'étalonnage de ces outils de mesure?

La formation et le développement de la main-d'œuvre

- Encouragez-vous vos gestionnaires à participer de façon active aux activités d'organismes professionnels tels que l'ACGPS, l'Institut des ingénieurs industriels, etc.? Votre compagnie encourage-t-elle ses employés à participer aux programmes de formation et de certification de ces organismes en remboursant les frais?

- Fixez-vous des objectifs annuels d'heures de formation, à vos gestionnaires et employés?

- Vos gestionnaires de premier niveau et vos employés d'usine ont-ils reçu une formation relative à l'amélioration de la qualité?

Le contrôle statistique de procédés

- Utilisez-vous le contrôle statistique de procédés comme méthode d'amélioration de la qualité?

- Si c'est le cas, avez-vous recours à une personne-ressource qualifiée en contrôle statistique de procédés pour donner de la formation aux autres employés?

- Des actions correctrices sont-elles rapidement mises en œuvre lorsque les données statistiques indiquent une condition ne respectant pas les normes?

Qualité des services et du support

Cette section présente une série de questions relatives au contrôle de la qualité des services de votre entreprise; notamment au niveau de la livraison et du service après-vente.

Si vous êtes une entreprise de service et agissez comme sous-traitant pour une entreprise homologuée ISO 9000, cette section est particulièrement importante.

Livraison

- Mesurez-vous la performance de votre organisation en ce qui a trait à la livraison des produits et services aux dates demandées par vos clients?

- Compilez-vous et présentez-vous ces résultats à vos gestionnaires et employés?

- Respectez-vous les délais de livraison dans au moins 95 % des cas?

- Avez-vous des programmes d'amélioration continue en ce qui a trait aux délais de livraison?

- Vos bons de livraison indiquent-ils les numéros de commandes et les numéros de pièces du client ainsi que des informations complémentaires telles que la quantité expédiée, la quantité en rupture de stock, etc.?

- Avez-vous une procédure pour aviser les clients des changements dans les dates de livraison?

- Vos systèmes, vos équipements et votre personnel sont-ils en mesure de répondre aux besoins d'un client qui fabrique selon le mode «juste-à-temps»?

Service

- Les activités de votre département de prise de commandes ou de service sont-elles continuellement évaluées en termes de rapidité de réponse, temps d'attente des clients, nombre d'appels requis pour solutionner le problème d'un client?

- Vos représentants de service qui prennent les appels téléphoniques ont-ils reçu une formation, notamment sur les produits, sur les habiletés de communication téléphonique, etc.?

- Votre département de prise de commandes ou de service est-il informatisé?

- Votre système permet-il d'accepter une commande, de l'expédier et de la facturer le même jour?

- Votre personnel de service visite-t-il périodiquement les clients?

- Les soumissions sont-elles envoyées aux clients le jour même de la demande?

- Pouvez-vous facilement identifier toutes les commandes des clients à échéance?

- Avez-vous une procédure formelle pour relancer les commandes à échéance des clients?

- Utilisez-vous les technologies de EDI, de télécopie, de code à barres, etc.?

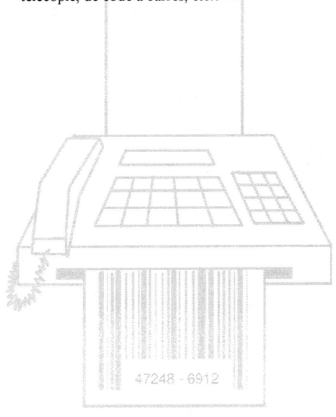

47248 - 6912

ISO 9000, ÉTAPE PAR ÉTAPE

Chapitre 7

Quels éléments devrez-vous couvrir tout au long du projet?
Quels sont les critères à ne pas oublier?

Sachez avant tout que peu importe le nombre de livres que vous lirez et la quantité d'efforts que vous êtes prêt à investir, rien ne vaut l'expérience d'implantation ISO 9000 pour bien saisir et mettre en place les mesures requises pour répondre aux différents critères d'ISO 9000.

C'est la raison pour laquelle nous vous conseillons d'engager un consultant expérimenté pour vous guider.

C'est aussi pourquoi nous avons choisi de ne pas entrer dans les détails des normes. Nous préférons vous donner une vision d'ensemble de chaque élément afin que vous en saisissiez le concept et l'utilité.

Néanmoins, si vous désirez en connaître davantage sur les normes elles-mêmes, vous pouvez le faire en vous procurant une copie des normes auprès de votre organisme national de normalisation ou en vous adressant au secrétariat central d'ISO, à Genève (au Canada, le Conseil canadien des normes). Par contre, préparez-vous à une lecture ardue. Le chapitre suivant, qui est constitué des critères et des lignes directrices de la norme ISO 9001:1994, en est un excellent exemple.

Si vous visez l'obtention de la certification ISO 9002 ou 9003, vous n'avez qu'à ignorer les critères qui ne vous concernent pas. Chaque critère est identifié par rapport à la norme qu'il représente.

Quelles sont nos sources?

Les critères et les informations que nous allons vous fournir dans ce chapitre proviennent de la combinaison de trois sources fiables:

1. Des documents de la firme de consultation Sysprime, spécialisée dans la consultation ISO 9000.
2. Du manuel *ISO 9000 Handbook*, de Robert Peach, sommité pour ce qui est de normes et programmes de qualité.

3. De la norme ISO 9001:1994.

Armé de ces informations, nous espérons que vous pourrez mieux saisir les critères et concepts de votre système de qualité.

Pour chacun des éléments de la norme ISO 9001 (20 au total), vous retrouverez:

- les lignes directrices et une brève description des critères
- ce que vous devrez faire lors de la création et de l'implantation des procédures reliées à chaque élément (une forme de liste de vérifications)

Allons-y!

1. Responsabilités de la direction

Cet élément décrit les responsabilités de la direction dans le développement du système de qualité. Les grandes lignes de ces responsabilités sont:

- établir une politique de qualité
- définir les responsabilités et l'autorité
- assurer la vérification tout au long du processus
- réviser (au besoin) le système de qualité

Votre politique de qualité se doit d'être documentée et comprise de tous. Vous pouvez la modifier, mais elle doit toujours s'arrimer aux visées de l'organisation.

Votre politique de qualité devrait être:

- facile à comprendre

- représentative de votre organisation
- ambitieuse, mais réalisable

En ce qui a trait aux responsabilités et à l'autorité, assurez-vous que chaque individu:
- est conscient de l'étendue, des responsabilités et de l'autorité reliées à ses fonctions
- est conscient de son impact sur la qualité des produits et des services offerts par votre organisation
- accepte ses responsabilités dans le but d'atteindre les objectifs communs de qualité

Liste de vérifications: Responsabilités de la direction

Ce que vous devez faire:

1. Établissez une politique de qualité:
   - assurez-vous que tous se sentent concernés par cette politique
   - développez des objectifs compréhensibles
   Mentionnez votre engagement envers la qualité de vos produits et services à vos clients, vos employés et la société

2. Développez un plan pour que la politique soit comprise, implantée et maintenue à tous les échelons:
   - faites des présentations à vos employés, autant anciens que nouveaux

- affichez et distribuez des copies de votre politique de qualité
- faites du renforcement positif
- vérifiez l'efficacité de la politique et son acceptation

3. Définissez les responsabilités, l'autorité et les interrelations:
   - préparez des organigrammes
   - dressez des descriptions de tâches et expliquez qui a l'autorité pour:
     - identifier les problèmes
     - générer des solutions
     - initier des actions correctives
     - faire le suivi des actions correctives
     - contrôler les produits non conformes

4. Créez un comité de direction pour réviser le système de qualité.

2. Système de qualité

Vous êtes tenu de préparer un système de qualité bien documenté, ce qui inclut la préparation de procédures et d'instructions ainsi que leur implantation.

Votre système de qualité doit comporter trois niveaux:

1. Un manuel de qualité:
   Ce manuel décrit votre système de qualité en concordance avec la politique de qualité et les objectifs de votre organisation et il répond aux critères ISO 9000 qui s'appliquent.
2. Des procédures:
   Les procédures décrivent les activités, les fonctions et les processus nécessaires à l'implantation des éléments du système de qualité.
3. Des documents détaillés de qualité:
   Les documents comprennent des formulaires, des rapports, des instructions, etc.

Ces documents sont tous interreliés, c'est-à-dire que chaque document peut référer à tout autre document peu importe son niveau.

3. RÉVISION DES CONTRATS

La révision des contrats vous donne une chance de découvrir et de régler certains problèmes à leur source. Une compréhension totale des demandes de vos clients aidera à éliminer les tâches redondantes et les délais reliés à l'incertitude créée par ce manque d'information.

En d'autres mots, en posant les bonnes questions à vos clients et en étant attentif à leurs réponses, vous pouvez éliminer toute confusion lors de la préparation et de l'envoi de la marchandise. Cette technique vous rendra plus efficace et assurera la satisfaction de vos clients tant au niveau de la marchandise qu'à celui du délai de livraison.

De plus, si la demande d'un client est impossible à réaliser ou requiert un délai additionnel, il est préférable de l'en aviser immédiatement et de s'ajuster sur-le-champ plutôt que de ne pas respecter un contrat.

Les critères d'ISO pour la révision de contrats:
- Vous devez avoir une procédure documentée pour chaque type de contrat
- Cette procédure doit expliquer en détail comment vous effectuez la révision du contrat ainsi que la coordination des activités qui y sont associées
- Tout contrat devra être révisé avant d'être accepté (le niveau de révision peut varier d'un type de contrat à un autre et doit être documenté)
- Les contrats doivent être révisés pour assurer que vous comprenez les demandes des clients, c'est-à-dire: ce qu'ils désirent, quand ils le désirent, comment, combien, à quel prix et quelles sont les obligations à rencontrer
- Les contrats doivent aussi être révisés pour que vous informiez immédiatement les clients des conséquences possibles de leurs demandes
- L'enregistrement de ces révisions des contrats fera partie de votre enregistrement qualité. À partir de ces données, vous pourrez dresser des statistiques qui feront ressortir, entre autres, les demandes les plus fréquentes de vos clients, les critères qui leur sont les plus importants ainsi que la capacité de

vos vendeurs à bien cerner et répondre à leurs besoins tout en les gardant informés sur ce qui est réalisable ou non.

4. CONTRÔLE DE L'ACTIVITÉ DE CONCEPTION

La phase de conception est d'une importance capitale. Les aspects essentiels de la qualité d'un produit, tels que la sécurité, la performance et la fiabilité sont établis lors de cette phase critique qu'est la conception (recherche et développement).

Vous devez établir et maintenir une documentation adéquate dans le but de contrôler la conception de vos produits et de vous assurer que toutes vos spécifications, celles de vos clients et celles des normes auxquelles vous adhérez, sont respectées.

En ce qui a trait à la section Maîtrise de la conception des normes ISO 9000, elle se divise en huit sous-sections:

1. La planification de l'activité de conception
   Vous devez établir un plan de conception pour chaque activité où la recherche et le développement sont concernés. Ce plan doit définir clairement chaque activité et attribuer des responsabilités à des individus qualifiés tout en prévoyant les ressources nécessaires au bon fonctionnement de l'activité.

2. Les interfaces techniques et organisationnelles
   Plusieurs individus travailleront sur un même projet. Certains apporteront des idées, d'autres travailleront sur la recherche et l'équipe arrivera à des résultats. Les responsabilités de chacun doivent être définies, documentées, coordonnées et contrôlées.

3. Les intrants reliés à l'activité de conception
   Les intrants se présentent souvent sous la forme de spécifications, de descriptions et de normes. Vous devez identifier, revoir et respecter tous les intrants pertinents à la conception.

4. Les produits (extrants) reliés à l'activité de conception
   Les produits se présentent souvent sous la forme de documents techniques utilisés pour la fabrication des produits et le service après-vente. Ces documents sont des plans, des spécifications, des instructions, des logiciels, etc.

   Les produits doivent être documentés. Ils doivent clairement indiquer les caractéristiques liées à la sécurité et satisfaire aux critères des intrants.

5. La révision de l'activité de conception
Vous devez effectuer des rapports à la suite de la révision de chaque activité de conception, les enregistrer et les répertorier.

6. La vérification de l'activité de conception
Vous devez vous assurer que les extrants répondent aux critères et aux spécifications des intrants. Voici quelques questions utiles:
   - La révision des activités de conception a-t-elle permis de valider la cohérence des produits par rapport aux exigences?
   - Tous les critères de sécurité sont-ils pris en compte?
   - Les matériaux, l'équipement et les installations sont-ils appropriés?
   - Les plans d'achat, de production, d'installation et d'inspection sont-ils techniquement réalisables?

7. La validation de l'activité de conception
Contrairement à la vérification de l'activité de conception, qui compare les intrants aux extrants, la validation de l'activité de conception vous assure que le produit est conforme aux besoins / spécifications de l'utilisateur. Vous devez valider vos processus lors de l'activité de conception et enregistrer et archiver les résultats.

8. Les changements lors d'un processus de conception
Les changements peuvent être fréquents. Les personnes autorisées doivent identifier, documenter, réviser et approuver toute forme de changements ou de modifications et ce, avant leur implantation.

5. Contrôle des documents et des données

Pour avoir un bon contrôle de vos documents, vous devez concevoir une procédure qui a un lien avec votre système de qualité.

Vous devez tenir compte des critères suivants:
- Les documents externes, comme les spécifications de certains clients, doivent être pris en considération et conservés
- Le niveau de révision d'un document doit être facilement repérable afin de faciliter l'identification des documents désuets le cas échéant
- Les documents doivent être créés, révisés et approuvés par les personnes autorisées à le faire
- Les documents désuets doivent être mis hors circulation et détruits, mais une copie de chaque document peut être gardée dans les archives par le directeur de l'assurance-qualité
- Quand un document est modifié, les autorités qui avaient accepté le document initial doivent

réviser et approuver le changement avant que celui-ci ne soit remis en circulation

- Si possible, la nature du changement doit être indiquée

Vous pouvez vous inspirer de la méthode suivante.

Pour contrôler votre documentation, assurez-vous que:
1. La préparation
2. La révision
3. L'acceptation
4. L'amendement
5. La sortie
6. La saisie
7. Le classement
8. La destruction

des documents et de l'information soient effectués correctement.

Les chefs des différents services peuvent se charger des quatre premiers éléments tandis que le directeur de l'assurance-qualité se charge d'exécuter les quatre derniers en plus de vérifier les quatre premiers. C'est une technique simple et facile à respecter et qui peut devenir très performante si elle est bien utilisée.

6. ACHATS

Une des principales tâches du service des achats est de s'assurer que les produits achetés et les services rendus satisfont à tous les critères de l'entreprise, tout en étant livrés dans les délais prévus par le contrat.

Les normes ISO conseillent fortement:
- d'avoir une procédure écrite qui assure que tous vos achats satisfont aux critères préétablis
- de bien connaître et définir vos besoins
- d'évaluer et de choisir vos fournisseurs en vous basant sur leur capacité de répondre à vos besoins
- de faire une liste de fournisseurs approuvés et de n'acheter que de ceux-ci
- de bien communiquer vos besoins à vos fournisseurs
- de réviser, si nécessaire, votre documentation reliée aux achats

Les responsables des achats jouent un rôle fondamental dans le cycle de réalisation d'un produit car leurs actions peuvent avoir des répercussions considérables sur l'efficacité et le rendement des processus qui suivent celui de l'achat.

7. Contrôle du produit fourni par le client

Avez-vous en votre possession des produits, composantes ou instruments de mesure fournis par vos clients?

Que ce soit pour les intégrer à un produit que vous leur vendez ou pour en mesurer la précision ou la compatibilité, sachez qu'à partir du moment où cet élément est entre vos mains, vous en êtes responsable.

Comment manipulez-vous les produits qui vous sont fournis?

Afin de protéger vos clients et par le fait même vous protéger, établissez des procédures qui documentent votre façon de traiter les produits de vos clients. Établissez des critères qui vous éviteront des mésententes. Par exemple, vous pouvez soumettre chaque produit à un examen avant de l'accepter afin d'évaluer son état. Ou encore, vous pouvez déterminer un endroit où entreposer les produits de vos clients. Vous devez établir de tels critères et les suivre à la lettre!

Les normes ISO 9000 requièrent de tenir à jour des procédures écrites pour:
- la vérification
- le stockage et
- la préservation de tout produit fourni par un client

Tout produit de cette nature qui est:
- perdu
- endommagé ou
- impropre à l'utilisation doit être enregistré et le client doit en être informé

Vous l'enregistrez:
- pour apprendre de vos erreurs et éviter qu'elles ne se reproduisent

- pour tenir des statistiques et évaluer votre fiabilité en ce qui a trait aux produits fournis par vos clients

8. Identification et suivi du produit

Lorsque cela est approprié, à l'aide de moyens adéquats et pour toutes les phases de la production, vous devez établir et garder à jour des procédures pour l'identification des produits, de la réception des composantes jusqu'à la livraison et l'installation des produits finis.

Dans la mesure où le suivi est une exigence spécifiée, vous devez établir et tenir à jour des procédures écrites pour l'identification des produits ou des lots particuliers.

9. Contrôle des processus

Le contrôle des processus se fait en tenant compte des six éléments suivants:

1. La planification:
   - La planification assurera que les processus se déroulent dans des conditions contrôlées et dans une séquence préétablie
   - Les normes de travail doivent être indiquées d'une manière claire, que ce soit par dessin, texte ou photographie
   - Les relations entre les processus internes doivent être mises au point, documentées et communiquées au personnel concerné

- Les spécifications de vos produits finis doivent être déterminées, documentées et communiquées au personnel concerné
- Les vérifications, qu'elles soient faites au fur et à mesure ou à la toute fin, doivent être planifiées et documentées
- L'amélioration de la qualité de vos processus devrait être faite d'une manière continue

2. La faisabilité:
   - Les processus doivent être vérifiés afin d'assurer qu'ils peuvent vous permettre de produire des éléments qui répondent aux caractéristiques (extrants) du produit final
   - La vérification des processus inclura le matériel, l'équipement, les systèmes et logiciels informatiques, les procédures et le personnel

3. Les matériaux, les utilitaires et l'environnement:
   Lorsque les caractéristiques du produit l'exigent, des matériaux auxiliaires ou des utilitaires (comme de l'air comprimé ou des produits chimiques) ainsi que l'environnement (température, propreté) doivent être contrôlés et vérifiés périodiquement.

4. Le contrôle et l'entretien de l'équipement:
   L'équipement doit être correctement entreposé et doit être vérifié ou calibré aux intervalles nécessaires afin d'en assurer la précision. Une attention toute spéciale doit être portée aux

ordinateurs et aux logiciels qui font des mesures ou des tests.

5. Gestion des processus:
   - Les processus qui influencent le niveau de qualité du produit final doivent être planifiés, approuvés, mesurés et contrôlés à une fréquence appropriée afin d'assurer:
   - la précision, la fidélité et l'état de l'équipement utilisé
   - les compétences et les capacités des employés
   - le contrôle de l'environnement et des autres facteurs qui affectent la qualité

6. Contrôle du changement des processus:
   Les changements doivent être évalués, documentés et approuvés par une personne qui en a l'autorité. Un produit devrait être évalué après tout changement afin de vérifier si la modification s'est avérée efficace.

10. CONTRÔLES ET ESSAIS (INSPECTIONS ET TESTS)

Vous devez établir des procédures en ce qui concerne vos inspections et vos tests, ce qui inclut tous les enregistrements et toutes les activités qui vérifient les spécifications d'un produit. Les inspections et les tests doivent être faits à des fréquences préétablies et à des endroits spécifiques de votre chaîne d'opérations.

Pour ce faire, vous devez effectuer des tests ou des vérifications **au niveau que vous avez choisi**, lors des étapes suivantes:

1. La réception
   - Vous devez inspecter les composantes ou produits venant de vos fournisseurs
   - Pour établir l'étendue de l'inspection à faire pour différents produits ou fournisseurs, renseignez-vous sur les méthodes de contrôle de la qualité de vos fournisseurs
2. En cours de processus
   - Les inspections ou les tests faits à l'intérieur de vos processus doivent être exécutés en concordance avec la méthode inscrite dans vos procédures
   - Les produits qui exigent des inspections ou des tests ne pourront continuer dans la chaîne d'opérations avant **de les passer et de les réussir**
3. À la fin des processus (inspection finale)
   - Les inspections finales ou tests finaux doivent être exécutés en concordance avec la méthode inscrite dans vos procédures
   - Pour faire une inspection finale, tous les autres contrôles doivent avoir été réussis
   - Les produits qui échouent à l'inspection finale ne peuvent être livrés

Aucun produit ne peut être livré si toute activité de vérification, incluant l'enregistrement et la documentation, n'a pas encore été réussie.

L'enregistrement:

Vous devez enregistrer les produits qui ont été testés: cet enregistrement doit spécifier si le produit a réussi l'inspection ou le test/ou les a échoués. Cet enregistrement doit aussi indiquer qui avait l'autorité de tester ou d'inspecter le produit.

11. Contrôle des équipements de vérification, de mesure et d'essai

Cette rubrique explique comment vous arriverez à contrôler tous les systèmes de mesure utilisés dans la production, l'installation et le service afin que vous ayez totalement confiance dans vos décisions ou vos actions basées sur des données quantifiables.

Pour ce faire, vous devez :
- établir une procédure documentée pour uniformiser le processus d'inspection et de mesure
- connaître la fidélité et la précision de vos instruments d'inspection et de mesure
- utiliser les instruments d'inspection et de mesure appropriés

La procédure que vous allez créer devra prévoir:
- que l'équipement d'inspection et de mesure soit approprié et en bon état

- que les instruments utilisés aient été vérifiés et/ou calibrés et que les logiciels d'inspection aient été testés
- que les spécifications de chaque instrument d'inspection soient à jour et bien documentées
- que des instructions indiquent la procédure à suivre en cas de bris, de remplacement ou d'ajustement des instruments d'inspection

Si cela est nécessaire, vous pouvez même demander à vos fournisseurs de se plier à ces mêmes contraintes. Ceci augmentera vos chances d'obtenir des pièces ou des appareils qui correspondent à vos normes de qualité.

12. État des vérifications et des essais

Où en êtes-vous dans vos inspections?
Quels produits doivent être inspectés?
Lesquels n'en ont pas besoin?
Lesquels l'ont été?
Vous êtes tenu:

1. D'identifier pour vos produits les inspections et les essais requis durant la production et l'installation, afin d'assurer que seuls des produits de qualité ont été utilisés.
2. D'identifier une autorité responsable de l'inspection, qui s'assurera que les non-conformités sont relevées et acheminées aux personnes responsables.

L'état du produit devrait indiquer si le produit:
- n'a pas été inspecté
- a été inspecté et accepté
- a été inspecté et est en attente d'acceptation
- a été inspecté et rejeté

13. Contrôle du produit non conforme

Qu'est-ce qu'un produit non conforme?
C'est un produit ou un service qui ne répond pas aux spécifications préétablies quel que soit le moment du contrôle.

Les produits non conformes peuvent être découverts lors:
- de la réception de marchandises
- du cycle de production
- de l'inspection finale
- de l'installation
- du service

Toute identification de produits non conformes doit être documentée.

Vous êtes tenu d'établir et de maintenir des procédures afin de:
- prévenir l'utilisation, la livraison ou l'installation de produits non conformes
- régler le problème de cette non-conformité
- enregistrer la décision pour en faire le suivi

- informer tous les services qui peuvent être affectés par la non-conformité

Comment déceler les non-conformités?

Soyez attentif, les éléments suivants vous donneront des indices:
- les observations de vos employés
- les commentaires de vos clients
- vos inspections et tests
- vos vérifications ou observations
- les remarques ou conseils de vos fournisseurs

14. Actions correctives et préventives

Ces éléments permettent d'assurer que vous pourrez identifier tous les défauts ou toutes les situations indésirables dans le but de **prévenir** les problèmes futurs et **résoudre** les problèmes existants en les découvrant et en éliminant leurs causes.

Pour ce faire, vous devez procéder à un contrôle des produits non conformes, ce qui vous permettra d'identifier les produits pouvant causer des problèmes et de trouver des solutions pour remédier à cette situation.

Ensuite, les éléments d'actions préventives et correctives vous permettront de déterminer les urgences et de les régler rapidement tout en mettant en relief les fonctions qui ont un effet significatif sur la qualité de vos produits et services.

La procédure d'actions correctives doit inclure:
- le traitement efficace des réclamations des clients et des rapports de non-conformité
- la recherche des causes de non-conformité ainsi que l'enregistrement de cette recherche
- la détermination des actions correctives nécessaires pour éliminer les causes de non-conformité

La procédure d'actions préventives doit inclure:
- l'utilisation de sources d'information appropriées de manière à détecter, analyser et éliminer les causes potentielles de non-conformité. (Ces sources peuvent être: les résultats d'audits, les commentaires de clients ou d'employés, les enregistrements qualité, les rapports d'entretien, etc.)
- la détermination des étapes appropriées pour traiter tout problème nécessitant une action préventive
- le déclenchement d'actions préventives et l'application de moyens de contrôle pour assurer qu'elles produisent le résultat escompté

15. Manutention, stockage, conditionnement (emballage), préservation et livraison

Les critères de cette section incluent les éléments suivants:

- établir et maintenir des procédures écrites pour la manutention, l'entreposage, l'emballage, la préservation et la livraison de vos produits
- établir un plan afin d'éviter les bris ou la détérioration
- fournir des aires de stockage sécuritaires et stipuler la méthode de distribution appropriée
- contrôler l'emballage et les techniques d'identification
- assurer la qualité totale du produit après l'inspection finale, en incluant la livraison au destinataire dans le processus de qualité

Ces critères s'appliquent durant chacun des processus de production, autant à l'arrivée des matériaux qu'à la sortie et à la livraison de vos produits finis.

Vos méthodes de manutention devraient toujours prévenir les dommages et les accidents. N'oubliez pas de tenir compte de l'entretien de votre équipement de manutention (convoyeurs, palettes, etc.)

Une procédure d'entreposage appropriée devrait tenir compte de:

- la sécurité physique
- le contrôle de la température et de l'humidité
- les vérifications périodiques
- les méthodes d'identification lisibles et durables
- les techniques de rotation des stocks et les dates d'expiration

Une procédure de conditionnement doit indiquer qu'un bon emballage:

- assure la protection du produit contre les dommages, la détérioration et la contamination
- procure une description claire de son contenu, au niveau spécifié par les règlements ou par les clauses du contrat

16. Contrôle des enregistrements relatifs à la qualité

Le but réel des enregistrements de qualité est de démontrer l'efficacité de votre système de qualité. Pour vos clients, vos enregistrements qualité peuvent facilement leur indiquer si **vos** produits satisfont à **vos** critères.

Vous êtes tenu:

- d'établir et maintenir des procédures documentées en ce qui a trait à la gestion des enregistrements relatifs à la qualité

167

- de vous assurer que ces enregistrements sont conservés précieusement afin d'en prévenir la perte ou l'endommagement
- de rendre vos enregistrements disponibles à tous vos clients qui désirent les consulter

Voici quelques-uns des documents que vous devrez contrôler:
- les rapports d'inspection
- les résultats d'essais
- les rapports reliés à la qualification des employés
- les rapports de validation
- les rapports d'enquête ou de vérification
- les rapports d'évaluation du matériel et de l'équipement
- les données de calibration
- les rapports reliés aux coûts d'exploitation

17. Vérifications internes relatives à la qualité

La vérification interne est un excellent moyen de savoir si vous implantez les bons éléments et cela vous permet également de vérifier si vous les contrôlez de manière à satisfaire aux critères établis dans votre documentation ainsi qu'à ceux relatifs à ISO.

La manière de procéder est la suivante:
- Faites des vérifications sur une base régulière
- Les vérifications doivent être faites par des personnes formées provenant d'un autre service que celui qui est évalué

- Les résultats doivent être enregistrés et rapportés au chef du service concerné ainsi qu'au directeur de l'assurance-qualité
- Le chef du service concerné doit apporter les modifications nécessaires

Les activités de suivi de vérification comportent l'enregistrement et la vérification de la mise en œuvre et de l'efficacité des actions correctives engagées (modifications).

18. FORMATION

La formation est une étape fondamentale pour l'obtention de la qualité. Le processus de formation doit inclure:

- l'évaluation de l'expérience et de l'éducation de tous vos employés
- l'identification des besoins de chacun en formation
- les cours de formation appropriés à chaque employé, donnés soit à l'interne soit par des firmes spécialisées
- l'enregistrement des progrès et des niveaux de formation de chaque employé

Sachez que la formation s'applique à tous les échelons de l'entreprise, autant pour les anciens employés que pour les nouveaux, mais que les séances de formation peuvent varier d'un groupe d'employés à un autre.

Pour satisfaire aux critères de cette section vous devez:

1. Établir, maintenir et documenter des procédures afin d'identifier les besoins de formation.
2. Fournir la formation nécessaire à tous les employés concernés.
3. Conserver les enregistrements des séances de formation (quand, quel était le sujet, qui y participait, etc.).

19. Prestations associées (Le service)

Votre groupe de service à la clientèle est une extension de votre entreprise. Si le personnel de ce groupe performe adéquatement, cette bonne pratique résultera en un renouvellement de contrats.

Cet élément vise à ce que toutes vos obligations contractuelles reliées au service après-vente soient respectées.

Les critères de base reliés au service (entretien) sont:

- d'établir et de maintenir des procédures documentées en ce qui a trait au processus de service
- d'établir des spécifications de performance pour les produits sur lesquels des réparations

ou des modifications ont été effectuées (seulement si ces spécifications sont différentes de celles d'un produit à l'état neuf)

- d'établir et de maintenir des procédures pour vérifier si les spécifications ont été respectées et si le service a été exécuté de la meilleure manière possible

Sur une base continue et évolutive, ce système peut vous aider à déterminer deux choses:

1. À quel point vos clients sont satisfaits de vos produits.
2. Quels sont leurs critères en termes de qualité.

Ces informations peuvent être utiles au soutien d'autres éléments du système de qualité en vous aidant à mieux définir les critères de vos clients.

20. Techniques statistiques

«Les techniques statistiques jouent un rôle primordial dans l'amélioration de la qualité. Elles représentent le moyen principal par lequel un produit est échantillonné, testé, et évalué, ainsi que l'information qui est traitée lors du contrôle et de l'amélioration du processus.»

Douglas C. Montgomery;
Professeur, Arizona State
University.

171

Servez-vous des statistiques, elles peuvent être très révélatrices. Les critères d'ISO 9000 exigent:

- que les besoins ou lacunes en termes de statistiques soient identifiés
- l'implantation de systèmes statistiques aux endroits jugés nécessaires
- l'établissement et le maintien de procédures documentées pour les techniques statistiques utilisées
- de fournir la formation adéquate aux employés concernés

L'étendue des techniques statistiques peut inclure:

- les analyses de marchés
- le design des produits
- le cycle de vie des produits
- les études sur la capacité des processus
- les analyses de la performance
- les analyses de risques
- les analyses de l'amélioration des processus

Ouf! Enfin terminé!

Sachez que la lourdeur de ce chapitre n'est pas intentionnelle. Une norme est en quelque sorte une compilation d'exigences qui peuvent être des critères, des conditions ou des spécifications. Rien pour la rendre intéressante, mais tout pour la rendre efficace!

Si vous n'avez pas assimilé la totalité des notions de ce chapitre, ne vous en faites pas, elles deviendront beaucoup plus faciles à comprendre lorsque placées dans le contexte de votre entreprise. Nous sommes convaincus que vous n'aurez aucune difficulté à les implanter.

La certification

Chapitre 8

1. Que signifie la certification?

La certification est un processus par lequel un organisme indépendant (registraire, organisme de certification) vérifie la conformité de votre système de qualité avec les normes ISO. Lors de cette évaluation, votre documentation écrite et vos procédures implantées sont vérifiées et comparées à la norme. D'autres vérifications sont faites en questionnant les employés afin d'évaluer la compréhension et l'application des procédures et contrôles.

Tout système qui a trait à l'amélioration de vos processus ou autres avantages internes peut être implanté sans être certifié par un organisme accrédité. Cependant, vous ne pouvez pas affirmer être conforme aux normes ISO 9000 si votre système de qualité n'est pas certifié par un organisme accrédité.

177

Une entreprise certifiée:
- satisfait aux critères d'une norme reconnue dans le monde entier
- utilise un système de qualité évalué par un organisme accrédité
- est à l'écoute de ses clients et souvent à la recherche de nouveaux marchés.

2. QUELLES SONT LES ÉTAPES DU PROCESSUS DE CERTIFICATION?

Les six étapes sont présentées dans un ordre chronologique[1].

1. La recherche du registraire
2. La révision des documents
3. La préévaluation
4. La vérification
5. L'enregistrement
6. La surveillance

1. La recherche du registraire

Plusieurs critères peuvent entrer en jeu lors de la sélection d'un registraire. Lors de la sélection du consultant, nous traiterons de l'importance de choisir la firme qui répond le mieux à vos besoins.

---

[1] Basé sur un texte de Mme Elizabeth A. Potts, présidente de ABS Quality Evaluations Inc. et membre du groupe de conseil américain du comité TC 176.

Si vos clients sont sur le marché international...

Même si vous obtenez une certification selon une norme internationale comme ISO 9000, les organismes de certification ne sont pas normalisés à l'échelle mondiale. Ceci signifie que si vous êtes certifié par un registraire de votre pays, un client d'un autre pays **peut** contester votre certification en vous disant qu'elle ne correspond pas aux normes de certification de son pays.

Comment éviter cette situation?
* Consultez vos clients internationaux lors de la sélection de votre registraire
* Renseignez-vous sur le registraire choisi par vos concurrents au niveau international

En réalité, vos clients ne sont pas réellement intéressés par le registraire lui-même, mais plutôt par l'organisme qui l'accrédite. En cas de doute, choisissez un registraire accrédité selon les normes EN 45012.

2. La révision des documents

Vous êtes tenu de fournir à votre registraire la documentation de votre système de qualité environ deux mois avant la visite des vérificateurs. La documentation est consignée dans votre «manuel de qualité».

Au besoin, le registraire vous conseillera de faire certaines modifications à votre système de qualité avant le début de la vérification. Par contre, il ne vous spécifiera pas de quelle façon modifier celui-ci.

3. La préévaluation

La préévaluation est une évaluation préparatoire à la vérification faite par le registraire. Par contre, la préévaluation est beaucoup moins détaillée.

En faisant ce type d'évaluation, vos vérificateurs peuvent:

- évaluer le degré de préparation de votre organisation
- faire ressortir les défauts majeurs de votre système de qualité (par contre, ils ne peuvent vous donner de conseils sur la façon de les régler, sans aucune exception)

Une préévaluation est-elle obligatoire?

La préévaluation n'est pas obligatoire, par contre, elle est conseillée par la plupart des vérificateurs.

À vous de choisir...

N'oubliez pas que si vous avez retenu les services d'une firme de consultants, ces derniers feront une vérification interne finale plus détaillée et plus complète que cette préévaluation. De plus, si des corrections s'imposent, vos consultants se feront un plaisir de vous aider à implanter les correctifs.

4. La vérification

Les normes ISO définissent la vérification comme[2]:

Un examen méthodique et indépendant en vue de déterminer si les activités et résultats relatifs à la qualité correspondent aux dispositions préétablies et si ces dispositions sont mises en œuvre de façon effective et sont aptes à atteindre les objectifs.

La vérification représente l'évaluation officielle de votre système de qualité. Lors de cette étape, deux ou trois vérificateurs vous évalueront pendant une période de deux à cinq jours, selon la taille de votre entreprise et la complexité de vos opérations.

Le processus commence habituellement par une courte réunion d'introduction avec la direction de l'entreprise.

Cette réunion est un moment propice pour présenter le coordonnateur du projet et le consultant qui agiront comme personnes-ressources auprès des vérificateurs.

À la fin de l'évaluation, les vérificateurs tiendront une autre réunion afin de vous présenter les défauts relevés dans votre système de qualité et,

---

[2] La norme internationale ISO 8402: 1994

au besoin, vous remettront un rapport écrit
contenant des recommandations.

Certains vérificateurs vous feront part
verbalement des conclusions de leur évaluation à
la fin du processus tandis que d'autres préféreront
attendre le dépôt du rapport officiel.

Si vous désirez connaître le résultat
immédiatement après la vérification, il est
préférable de s'entendre avec le registraire au
moment de la signature du contrat.

5. La certification

À la suite de la révision de votre système de
qualité par le registraire, trois situations sont
possibles: votre demande de certification est
acceptée, refusée ou conditionnelle.

- **Votre demande de certification est acceptée**
  si vous ne présentez que quelques défauts
  mineurs, mais que dans l'ensemble vous
  respectez les critères de la norme visée (ISO
  9001, 9002 ou 9003).

- **Votre demande de certification est
  conditionnelle si:**
  - votre documentation est complète, mais vos
    procédures ne sont pas bien implantées
  - plusieurs défauts mineurs ont été relevés.

Afin que votre demande de certification soit
acceptée, vous devrez apporter les correctifs

requis et présenter un rapport au registraire à une date fixée lors de la vérification.

Peut-être devrez-vous faire réévaluer certaines de vos procédures modifiées... À sa discrétion, le registraire peut refaire une vérification ou accepter votre demande de certification en se basant sur votre rapport.

- **Votre demande de certification est refusée**
  Votre demande de certification peut être refusée pour plusieurs raisons, notamment:
  - votre documentation est complète, mais les procédures ne sont pas implantées
  - certains éléments jugés importants n'ont pas été abordés du tout
  - votre documentation est incomplète
  - certains de vos employés ne sont pas au courant de ce qui se passe au niveau de l'implantation d'un système de qualité

Ces critères vous semblent peut-être faciles à remplir, mais méfiez-vous! N'oubliez pas que 60 % des entreprises **échouent** à leur première tentative de certification.

6. La surveillance

La surveillance regroupe tous les mécanismes de contrôle qu'exercent les registraires après la certification.

Pourquoi faire des contrôles après la certification?

N'oubliez pas qu'un registraire, lors de votre certification, confirme que votre système de qualité est conforme aux normes ISO 9000. Après cette certification, c'est lui qui garantit que votre système de qualité répond aux normes ISO 9000.

Il doit s'assurer, qu'avec le temps et les modifications que vous allez y apporter, votre système de qualité reste toujours conforme aux normes ISO 9000.

Par contre, il peut seulement garantir que votre système de qualité est correct **le temps de sa vérification**. Seule votre entreprise peut s'assurer que le système de qualité est en santé à longueur d'année.

La plupart des registraires offrent une certification valable pour trois ans. Vous devez cependant respecter les critères de votre système de qualité afin qu'il reste conforme aux normes ISO 9000.

Après la période de certification, vous avez la possibilité de renouveler votre contrat avec le même registraire ou d'en choisir un autre.

Presque tous les registraires font des réévaluations partielles chaque année et une vérification complète à la fin de la période de certification. Cette approche permet de s'assurer que votre système est bien en place et toujours conforme aux normes.

Lors de changements importants à votre système de qualité, nous vous conseillons d'aviser votre registraire. Il peut alors décider de faire une vérification détaillée des modifications afin d'assurer le respect des normes ISO.

Les conséquences légales

Chapitre 9

Peu importe leur sphère d'activités, la grande, la moyenne ou la petite entreprise qui a obtenu sa certification ISO 9001, 9002 ou 9003 est encline à utiliser des sous-traitants pour fabriquer, assembler, distribuer des produits ou exécuter des services.

Aux fins de la discussion, nous vous nommerons sous-traitant et nous nommerons l'entreprise ayant obtenu sa certification ISO, la certifiée.

Le lecteur doit mettre l'information contenue dans ce chapitre en perspective !

La conformité des normes

La certifiée ISO, tel qu'expliqué dans les chapitres précédents de ce guide, a obtenu sa certification basée sur l'acceptation du suivi de standards de qualité qu'elle s'est donnés dans le contexte de la normalisation mondiale.

Il existe un principe à l'effet que le mandaté pour exécuter un contrat a le libre choix des moyens et méthodes pour exécuter ce contrat. Vous avez, en tant que sous-traitant, le choix des moyens et méthodes pour la réalisation du contrat tout en respectant les normes ISO décrites par la certifiée dans son devis.

La certifiée ISO qui vous mandate pour la réalisation d'un ouvrage matériel ou intellectuel, ou pour la prestation d'un service, attend de vous que vous exécutiez votre mandat en conformité avec les normes ISO décrites par la certifiée dans son devis, que vous soyez certifié ISO ou non. Car la certifiée ISO ne désire aucunement que sa certification ISO lui soit retirée en raison de la prestation d'un service rendu ou de la réalisation d'un travail en contravention des normes de qualité qu'elle s'est imposées pour obtenir elle-même son accréditation ISO. En tant que sous-traitant mandaté par la certifiée ISO, vous êtes en réalité la continuité de cette certifié ISO.

Vous-même, comme sous-traitant, vous devrez mettre en place plusieurs procédures se rapportant aux normes ISO. La certifiée qui vous octroiera un contrat procédera sûrement à une visite de vos installations et scrutera votre façon de faire pour s'assurer du niveau de qualité que vous offrez.

Nous vous suggérons de vous référer au chapitre 3, du guide inclus à la trousse 1 «Découvrez ISO», vous y trouverez nos principales recommandations et les critères à respecter pour obtenir et conserver la certification ISO. La lecture de ce document vous permettra davantage de percevoir les réflexions et les étapes que vous devrez effectuer pour standardiser et normaliser votre offre lorsque vous effectuerez des travaux pour une certifiée ISO. Si vous ne désirez pas obtenir votre certification, le guide vous fournira de nombreuses suggestions pour améliorer vos standards de qualité et de ce fait vous permettre d'être plus performant dans votre course à la mondialisation.

Il est important tout au long de la réalisation d'un mandat de respecter les normes ISO, car selon les législations de plusieurs États et selon les pratiques commerciales et industrielles, la certifiée est généralement responsable des actes accomplis par vous, le sous-traitant.

De plus, il est très important de constater que la personne morale ou physique qui a mandaté la certifiée peut vous rechercher en responsabilité directement, sans passer par la certifiée, si elle le désire. C'est-à-dire que la personne qui a mandaté la certifiée peut vous poursuivre.

Y a-t-il des règles spécifiques?

Quant aux règles spécifiques de l'exécution des contrats autres que les normes ISO, nous vous suggérons de vous reporter aux dispositions législatives réglementaires et aux coutumes de l'État dans lequel vous exercez vos occupations et de tous les États dans lesquels vous comptez exercer vos occupations. Par la même occasion, nous vous invitons à consulter un conseiller juridique qui saura vous expliquer vos droits et obligations afin que vous puissiez exercer vos occupations efficacement et ainsi tenter de prévenir, entre autres, d'ennuyeux et coûteux litiges.

Que doivent faire les parties avant d'entreprendre une relation d'affaires?

Avant d'entreprendre une relation d'affaires avec vous, la certifiée aura effectué quelques vérifications, notamment elle aura probablement vérifié
- vos qualifications
- votre expérience dans le domaine concerné
- vos preuves d'assurance auprès des compagnies d'assurance qui vous assurent
  etc.

Tout en respectant les règles et normes ISO ainsi que les autres règles que vous devez respecter dans le cadre de votre entreprise, vous devez vous protéger. Avant de commencer tout mandat à titre de sous-traitant, vous devrez effectuer les mêmes vérifications que la certifiée a faites sur vous, mais cette fois-ci concernant la certifiée.

Nous vous suggérons notamment:
- d'obtenir le plus d'informations possible afin de connaître le mandataire:
  - Qui est le mandataire?
  - Depuis combien de temps ce mandataire exerce-t-il ses activités?
  - Quelles sont ses qualifications?
  - Détient-il les assurances et permis nécessaires?

- d'obtenir le plus d'informations possible concernant le projet:
  - En quoi consiste le projet dans sa totalité?
  - Quels sont les échéanciers à respecter?
  - Les demandes et autorisations ont-elles été toutes obtenues?

- d'obtenir le plus d'informations possible concernant l'identité de celui qui mandate la certifiée afin d'exécuter un ouvrage ou de fournir un service:
  - Peut-il y avoir conflit d'intérêts?
  - Est-il solvable?
  - Quelle est son expérience dans le domaine?
  - Quelles sont ses qualifications?
  - Détient-il des assurances?

De plus, avant d'entreprendre tout travail à titre de sous-traitant, il est primordial de vérifier si vous possédez une couverture d'assurance suffisante pour le travail à effectuer. En cas de doute, n'hésitez pas à demander conseil auprès de votre assureur et de votre conseiller juridique.

Avant d'entreprendre les travaux, nous vous suggérons de bien définir avec le mandataire, l'étendue de votre prestation, c'est-à-dire ce à quoi vous vous engagez et ce que vous fournirez à la certifiée.

Comment engager un sous-traitant?

Pour ce faire, nous vous conseillons de suivre la démarche proposée dans le manuel de procédures de la certifiée ISO en ce qui a trait aux étapes que la certifiée doit suivre lorsqu'elle désire engager des sous-traitants.

- La rencontre
  Dans un premier temps, il s'agit de rencontrer la certifiée et de discuter des points importants concernant l'exécution de votre prestation:
  - définir la prestation
  - l'échéancier
  - le prix que vous demandez
  - les moyens que vous désirez utiliser, etc.

  Préalablement à cette rencontre, vous aurez mis par écrit les éléments que vous jugez primordiaux à l'exécution de votre prestation.

- La lettre d'entente
  Dans un deuxième temps, à la suite de la rencontre que vous aurez eue avec la certifiée et préalablement à l'exécution de votre prestation, vous rédigerez une lettre d'entente spécifiant les conditions d'exécution de la prestation que vous aurez à fournir:
  - la prestation
  - l'échéancier
  - le prix que vous demandez

– les moyens que vous désirez utiliser, etc.

Cette lettre d'entente est finalement le contrat qui régit vos droits et obligations et ceux du mandataire.

Exigez de la certifiée une confirmation par écrit de la réception de la lettre d'entente et de l'acceptation des termes et conditions énoncés dans celle-ci.

Dans l'éventualité où apparaîtrait un désaccord entre vous et la certifiée quant au mandat qu'elle vous a confié, n'hésitez pas à ressortir la lettre d'entente et à en discuter avec la certifiée.

De plus, avant de transmettre la lettre d'entente à la certifiée, pour qu'elle vous confirme son acceptation, nous vous suggérons fortement de communiquer avec votre conseiller juridique afin qu'il vérifie les termes et conditions de cette lettre d'entente et qu'il vous conseille quant aux termes à employer et aux clauses qui peuvent vous protéger en cas de conflit.

Espérant que ces conseils vous seront utiles, nous vous souhaitons un franc succès dans vos entreprises.

La mondialisation du commerce

Chapitre 10

Aujourd'hui plus que jamais, l'évolution des technologies, la variété et la rapidité des moyens de communication annihilent les distances, facilitent et incitent à l'expansion du commerce international. Les besoins de consommation s'uniformisent. Jeunesse à Montréal, Paris, New York ou Tokyo rime avec Coca-Cola, Sony et Internet. La mondialisation de l'économie ouvre des horizons multiples pour les nouveaux exportateurs qui veulent se lancer sur le marché international.

Dans une première partie, nous nous interrogerons sur les raisons qui poussent à exporter et dans un deuxième temps, sur les erreurs nuisibles à l'exportation.

Section 1:
Pourquoi exporter?

1. Voulez-vous augmenter vos ventes?
L'augmentation des ventes est un élément important, surtout lorsque vous constatez une stagnation de vos ventes sur le marché national liée à une saturation du marché ou à une forte concurrence. Cependant, n'envisagez pas d'exporter lorsque votre situation est difficile sur le marché national. Le meilleur moment pour se lancer dans l'exportation c'est lorsque les affaires vont bien sur le marché national.

2. Voulez-vous augmenter vos profits?
Les profits peuvent augmenter plus rapidement que les ventes puisque les coûts fixes sont déjà couverts par les ventes réalisées dans votre pays.

3. Voulez-vous réduire votre coût de fabrication à l'unité?
Plus vous fabriquerez de produits, moins ils vous coûteront cher à l'unité (ceci dans le cas où le matériel de l'usine suffit à augmenter la production).

4. Voulez-vous optimiser votre capacité de production?
Les marchés d'exportation peuvent servir de débouchés pour les excédents de production lorsque le marché national ne peut absorber la production ou la capacité de production de l'entreprise.

5. Voulez-vous compenser les fluctuations du marché national?

En tant qu'entrepreneur, vous êtes tributaire des fluctuations du marché national. Par l'exportation, vous pouvez bénéficier de la conjoncture plus favorable d'un autre marché pour compenser votre baisse d'activités locales.

6. Voulez-vous diminuer votre dépendance par rapport à un seul marché traditionnel?

Plus vos marchés seront diversifiés, plus vous garantissez vos chances de réussite.

7. Voulez-vous prolonger la vie de votre produit?

En vous lançant dans l'exportation, votre produit arrivé au stade de maturité dans votre pays, sera tout nouveau sur le marché ciblé.

8. Voulez-vous amortir plus rapidement vos coûts d'innovation?

Votre innovation, produit ou technologie, est généralement trop coûteuse pour être amortie sur le seul marché national.

9. Voulez-vous enrichir vos connaissances et votre expérience?

En découvrant une nouvelle culture, un autre mode de vie et de consommation à travers l'exportation, vous vous enrichirez de nouvelles idées, d'autres modes de pensée, d'autres méthodes de travail que vous pourrez appliquer sur le marché national pour une meilleure rentabilité.

S'engager sur le marché de l'exportation est une décision cruciale qui doit être précédée d'un examen approfondi et minutieux de votre entreprise. On ne s'engage pas impunément sur le marché mondial, sans préparation.

Sᴇᴄᴛɪᴏɴ 2:
Qᴜᴇʟʟᴇs ѕᴏɴᴛ ʟᴇs ᴇʀʀᴇᴜʀs ɴᴜɪѕɪʙʟᴇѕ à ʟ'ᴇxᴘᴏʀᴛᴀᴛɪᴏɴ?

Dans une première partie, nous avons évoqué les avantages de l'exportation. Abordons à présent les erreurs à éviter dans une démarche à l'international.

1. Aᴠᴇᴢ-ᴠᴏᴜs éʟᴀʙᴏʀé ᴜɴᴇ sᴛʀᴀᴛéɢɪᴇ d'ᴇxᴘᴏʀᴛᴀᴛɪᴏɴ?

Combien de sociétés décident de se lancer sur le marché de l'exportation à la réception d'un bon de commande en provenance d'une société plus ou moins inconnue d'Abidjan, de Calcutta ou d'ailleurs sans aucune PROFONDE RÉFLEXION préalable?

C'est la faillite assurée! La complexité du commerce international est fatale combinée au manque de professionnalisme.

> ## Règle d'or: Posez-vous les bonnes questions

Disposez-vous des ressources humaines ou financières nécessaires?

- Procédez à une étude minutieuse de votre entreprise. Par exemple, compte tenu de vos ressources humaines et financières, pouvez-vous envisager de vous lancer sur les marchés d'exportation?

- Votre entreprise a-t-elle une capacité de production suffisante pour répondre à la demande des clients éventuels?

  La **fiabilité** est une des conditions essentielles du succès dans le domaine de l'exportation. N'envisagez pas d'exporter uniquement pour vous débarrasser d'un excédent de stock. Une approche semblable cataloguerait votre société comme incompétente auprès de votre client et porterait également atteinte à la bonne réputation de votre nation en tant que pays exportateur.

  Si vous n'avez ni les ressources humaines ni les ressources financières et si vous ne pouvez pallier partiellement l'une ou l'autre avec l'aide d'experts en exportation et de subventions étatiques octroyées aux nouveaux exportateurs, oubliez pour un certain temps le marché de l'exportation. Vous risqueriez fort d'entamer votre capital!

CONNAISSEZ-VOUS LES TENANTS ET LES ABOUTISSANTS DU COMMERCE INTERNATIONAL?

a) *Connaissez-vous le marché que vous ciblez?*

- Quels sont les us et coutumes, la culture, le mode de vie, la religion du pays vers lequel vous voulez exporter?

  Interrogez-vous également sur l'histoire, la géographie, l'économie, la politique du pays. Ces questions sont primordiales pour approcher la culture du pays et être plus à même d'offrir un produit correspondant aux spécificités du marché que vous ciblez.

  Si vous avez dans l'idée, par exemple, d'exporter des crèmes de bronzage en Algérie, sans avoir étudié le marché, vous serez étonné des résultats!

  Non seulement les algériens s'exhibent très peu en public (sur les plages ou ailleurs) pour des raisons culturelles, religieuses et politiques mais en plus la beauté dans ce pays est souvent synonyme de teint pâle et de peau laiteuse!

D'autre part sachez:

- Quels sont les barrières tarifaires, les contingentements d'importation, les taxes nationales imposés sur le produit? Ces éléments ont-ils fait l'objet de modifications fréquentes par le passé?

  Exporter exige aussi des connaissances en Droit du transport international. Si vous acceptez un contrat de livraison pour un produit contingenté ou un produit ne correspondant pas aux normes européennes (d'étiquetage, de conditionnement, d'emballage...), il risque fort de ne jamais être expédié ou d'être bloqué en douane, ce qui susciterait la colère du client et une perte financière pour votre société.

Demandez-vous également:

- Quels sont la taille et le secteur du marché pour le produit?
- En fonction d'une projection de croissance, quel est le potentiel à long terme de chaque secteur?
- Existe-t-il une production nationale et jusqu'à quel point est-elle concurrentielle?
- Quels sont les principaux concurrents étrangers et quelle est leur part du marché?
- Quel est le concurrent étranger qui a la part la plus importante du marché et pourquoi?
- Le produit est-il supérieur à la concurrence et, si oui, dans quel domaine?

- Les pratiques en matière de commerce font-elles en sorte que des coûts de transport ne rendent pas le produit concurrentiel?
- Le marché est-il politiquement et économiquement stable?
- La devise nationale est-elle convertible?
- Le gouvernement impose-t-il des restrictions à la disponibilité de devises étrangères?
- Est-il possible que l'on exige un commerce de compensation (Maisons de commerce)?

Toutes ces questions sont nécessaires pour appréhender le marché d'exportation et éviter l'échec en pénétrant un marché pour lequel votre produit ne correspond pas à un besoin réel, n'est pas compétitif compte tenu des coûts de transport ou s'adresse à un pays politiquement ou économiquement instable, ce qui signifierait difficulté de livraison, non paiement du client...

b) Avez-vous étudié votre produit?

De la même façon, vous devez vous interroger sur votre produit pour vous assurer, avant de prendre la décision d'exporter, qu'il répond à la culture, aux normes du pays et qu'il est compétitif.

Prenons l'exemple d'une société canadienne spécialisée en hygiène-beauté, qui veut exporter en France le nec plus ultra de ses produits: «un shampooing de haute qualité, naturel, d'une odeur raffinée, sans risque d'allergie et à prix compétitif pour du haut de gamme». *A priori*, le produit semble excellent. Aux yeux de l'exportateur, il a toutes les chances de percer le marché. Alors, pourquoi lancer une étude de marché? Convaincu du succès de son produit, cet exportateur se lance sans plus attendre dans l'exportation. Le shampooing arrive donc sur les rayons de la grande distribution française. C'est la CATASTROPHE! Le produit ne connaît aucun succès.

L'explication est simple. Le flaconnage étudié en fonction du marché canadien est nettement plus ample et contient 750 ml de produit. En France, ce type de conditionnement correspond très généralement à des produits bas de gamme et donc à un prix réduit. Le shampooing de cet exportateur a donc été jugé du premier coup d'œil par le consommateur français comme appartenant à la catégorie bas de gamme. Si pour du haut de gamme ce shampooing est compétitif, pour un shampooing perçu comme de mauvaise qualité, il semblait épouvantablement cher!

Parce que l'exportateur a négligé d'étudier en détail son produit, il a subi un échec sans appel, d'énormes pertes financières et une perte de son image de marque!

Autre exemple très frappant, un constructeur automobile qui a lancé sa voiture «Nova» en Amérique latine. Le mot «Nova» vient du latin et signifie «nouveau» mais personne n'a pris le temps de savoir si le mot avait une signification quelconque en espagnol. Or, «no va» signifie ne marche pas, en espagnol. Nova, la voiture qui ne marche pas!

Il est donc nécessaire que vous répondiez aux questions suivantes:

- Le produit peut-il être vendu sur le marché cible ou doit-il subir des modifications et, dans ce cas, à quel coût?
- Quelle taille, quelle couleur et quelle forme les utilisateurs préfèrent-ils?
- Faudra-t-il monter le produit sur place et, dans ce cas, peut-on trouver sur place des gens ayant l'expérience voulue?
- Si le produit est nouveau, a-t-il été bien testé?
- Quels sont les règlements en matière d'emballage et d'étiquetage?
- Quelles sont les spécifications techniques auxquelles le produit doit répondre sur le marché?
- Le produit répond-il aux normes d'hygiène et de sécurité?

c) Avez-vous étudié le prix?

- Quel est le prix minimal et quel est le rendement pour différents prix?
- Le prix est-il identique ou meilleur que celui de la concurrence, tout en laissant une marge de profit confortable?
- Si le prix n'est pas compétitif, le produit peut-il malgré tout se vendre grâce à des qualités

supérieures, à un meilleur service de livraison ou à un service après-vente supérieur?

- Quelles sont les conditions normales de paiement faites par les concurrents?

d) Avez-vous étudié la distribution du pays que vous ciblez?

- Quelles sont les méthodes de distribution qui existent dans le pays et quelle est la plus fiable et celle qui a le meilleur rapport coût – efficacité?
- Quelles sont les marges bénéficiaires que prennent généralement les intermédiaires dans ce secteur?
- Quelle aide à la promotion offrent normalement les intermédiaires?
- Quels sont les principaux importateurs? Quelles sont leur réputation, leur efficacité et leur solidité financière?
- Est-ce que dans ce pays le type de distribution est imposé?
- Est-ce que le fait d'accorder un droit exclusif à un distributeur ou une agence améliore le potentiel du marché?

e) Avez-vous étudié les modes de communication locaux?

On n'utilise pas les mêmes médias pour promouvoir tel ou tel produit.

Prenons l'exemple d'un exportateur américain qui a décidé de vendre «un vin à constituer soi-même» auprès de consommateurs français. Il a choisi comme média une chaîne télévisée très connue et appréciée, Canal Plus, pour présenter son produit en détail, ponctuellement mais toujours à une heure de grande écoute. *A priori*, cet exportateur semble avoir fait le bon choix.

Les différentes étapes pour constituer le vin sont expliquées en direct par l'animateur de télévision. Il mélange une poudre à de l'eau, laisse reposer, puis montre en direct le produit d'une couleur jaunâtre très douteuse et le fait goûter aux invités qui, lorsqu'ils acceptent, font une moue dégoûtée après avoir bu une gorgée. La France entière riait aux éclats! Fallait-il déléguer la mission à un animateur français éduqué dans la tradition culinaire et vinicole française et friand de dérision?

Soyez bien sûr de connaître en profondeur les médias du pays que vous ciblez. Demandez-vous:

- Quelle sorte de supports publicitaires trouve-t-on et quel en est le coût sur chacun des marchés?
- Lesquels sont les mieux adaptés aux produits?
- Que font les concurrents en matière de publicité?
- Quel pourcentage de leur marge brute consacrent-ils à la publicité et quels supports utilisent-ils?
- Où et quand ont lieu les salons professionnels et les expositions, et quelles possibilités offrent-ils?

L'absence d'une étude de marché approfondie, traitant à la fois du marché à cibler, du produit, du prix, de la distribution et de la promotion générera un échec fatal. À l'heure actuelle, on ne peut plus se permettre de s'improviser exportateur!

2. Connaissez-vous les conditions de vente à l'exportation?

Contrairement à la culture nord-américaine plus informelle et plus orale, la réussite des contrats de vente à l'exportation passe obligatoirement par de nombreux écrits détaillés stipulant la responsabilité de chacune des parties prenantes, de façon **très précise**. Ne vous aventurez donc pas à l'aveuglette!

Voici quelques exemples de questions à définir par écrit:

- Qui est responsable des arrangements et du coût pour le transport des marchandises d'un endroit à l'autre?
- Qui est légalement responsable si l'opération ne peut pas être menée à bonne fin?
- Qui prend le risque s'il y a perte ou détérioration des marchandises pendant le transport?

Il y a plusieurs façons de répartir les risques dont nous venons de parler entre l'exportateur et l'acheteur étranger. C'est le rôle des conditions contractuelles du commerce international; elles permettent de définir les droits et les obligations de chacune des parties prenantes. La Chambre de commerce international a établi un ensemble de règles que l'on appelle couramment les «Incoterms». Ces termes commerciaux définissent les obligations respectives de l'acheteur et du vendeur.

Ayez donc recours à ces «Incoterms» pour établir vos propositions de vente: ils sont adoptés dans le monde entier et réduisent le plus possible les occasions de malentendu et d'arnaque!

Quelle que soit la forme que prenne le contrat, il devrait contenir suffisamment de renseignements pour éviter les malentendus ou les désaccords sur la quantité, la qualité, la taille, la couleur ou tout autre caractéristique des marchandises. Le contrat devrait préciser le prix à l'unité, les termes commerciaux utilisés, la date d'expédition et les conditions ou le mode de paiement.

Les refus de paiement les plus courants de la part des importateurs sont dus au fait que les consignes d'emballage, de marquage ou d'expédition n'ont pas été suivies.

L'importance du contrat ne peut être sous-estimée. **Le vendeur n'a aucun recours sans lui.**

Les documents de protection

Les transactions d'exportation se font avec des documents qui garantissent que le vendeur sera payé et que l'acheteur recevra sa marchandise.

- Savez-vous qu'il existe un document de protection contre la non-exécution du contrat par l'une des parties prenantes?
- Savez-vous qu'il existe des documents pour financer les transactions?
- Savez-vous qu'il existe une protection contre les fluctuations des taux de change?

3. Avez-vous établi une gestion du transport?

Pour l'exportation, le transport est un élément de grande importance à cause de la distance qui existe entre le vendeur et l'acheteur, surtout si ce dernier est situé outre-mer. Les frais de transport peuvent vous défavoriser. L'acheteur éventuel comparera les prix rendus des produits importés et des produits nationaux. Cela signifie que vous devez minimiser les frais de transport tout en veillant à ce que la marchandise soit livrée rapidement et en bon état.

Quels transports?

Évaluez également le ou les différents modes de transport appropriés à votre produit / client. On ne transporte pas de la même façon et dans les mêmes délais du poisson et du papier.

Posez-vous les questions suivantes:
- Comment faut-il emballer le produit pour le transport?

- Quels sont les transporteurs auxquels il faut faire appel?
- Quels sont les coûts de transport?
- Quelle est la fréquence et la fiabilité des diverses méthodes de transport – sur place et à l'étranger – pour effectuer des livraisons dans ce pays?
- Quel est l'état des installations portuaires et des entrepôts?
- Est-ce qu'il y a sur ce marché un agent qui soit en mesure de fournir des services techniques satisfaisants?
- Les concurrents contrôlent-ils les canaux de distribution, rendant ainsi la pénétration du marché difficile?

Dans le domaine du transport vers l'étranger, il faut tenir compte de deux facteurs importants. Tout d'abord, vous devez, en choisissant le ou les modes de transport (ferroviaire, maritime, routier ou aérien), tenir compte :

- des frais d'expédition
- des délais de transport
- des préférences des importateurs
- des prix des concurrents

Ensuite, vous devez calculer dans le détail tous les frais, petits et grands, liés au transport, afin de vous situer par rapport à la concurrence.

Quels intermédiaires?

Les exportateurs, particulièrement les nouveaux exportateurs s'apercevront que les transitaires aériens ou maritimes offrent des services très utiles qui comprennent:

- le marquage et l'emballage de marchandises
- les réservations auprès du transporteur adéquat
- le regroupement d'envois provenant de différents fournisseurs
- les formalités douanières
- les assurances
- la préparation des documents d'exportation
- la préparation des documents de banque et de recouvrement
- la réservation de la place sur un vapeur

Faites appel aux services d'un transitaire si vous n'avez pas le personnel qualifié. Il vous évitera bien des erreurs et des pertes financières.

Quel emballage?

Il est indispensable d'emballer les marchandises de façon adéquate. Les marchandises doivent être protégées contre les dommages d'origine physique ou chimique, contre l'humidité et le vol. L'emballage doit tenir compte des règlements administratifs, du coût et du poids.

Si vous n'avez pas une expérience suffisante dans le domaine de l'emballage pour l'exportation, vous

215

devriez en confier la responsabilité à un professionnel. Voici certains facteurs dont il faut tenir compte:

- La nature des marchandises. Peuvent-elles s'abîmer facilement lors de la manutention, pendant le voyage ou l'entreposage?
- Les marchandises ont-elles besoin d'une protection particulière ou requièrent-elles une température constante?
- Types de transport. Par quel mode de transport les marchandises seront-elles expédiées à leur destination finale?
- Si les marchandises sont transportées par bateau, le seront-elles sur le pont ou dans la cale?
- À quel genre de conditions météorologiques devront probablement faire face les transporteurs au cours du voyage?
- Les marchandises sont-elles expédiées dans un pays où les installations portuaires sont de mauvaise qualité et où les marchandises sont manutentionnées sans soins?
- L'emballage protège-t-il les marchandises du vol pendant le transport?
- Est-il nécessaire de cercler le conteneur?
- Quelle sorte de marquages ou d'étiquettes faut-il apposer à l'extérieur de l'emballage?
- Quels symboles internationaux faudra-t-il utiliser?

Quelle assurance-transport?

L'assurance maritime protège le fret maritime et aérien ainsi que le transport par voie de surface.

Cette assurance est essentielle car les transporteurs n'acceptent que très peu de responsabilités et, dans le cas d'une catastrophe maritime, l'exportateur peut être tenu responsable de sa marchandise et de celle des autres.

Quels documents?

Pour expédier des marchandises à l'étranger, il faut fournir un certain nombre de documents.

* Votre documentation est-elle bien adaptée au marché ciblé (disposition, format...)?
* Votre documentation comprend-elle tous les éléments nécessaires à l'expédition en bonne et due forme de votre marchandise?

Vous devez veiller à ce que les détails soient identiques dans tous les documents relatifs à l'exportation. Par exemple, s'il y a une différence entre le montant de la facture et celui de la lettre de crédit, vous pouvez avoir de grandes difficultés à vous faire payer.

Synthèse

À travers les différents éléments évoqués ci-dessus, prenez conscience de la nécessité de bien connaître le transport international pour répondre aux exigences de tout client: le respect de la qualité, de la quantité de la marchandise commandée ainsi que le respect des délais. Si vous ne prenez pas en considération la bonne gestion du transport, vous ne serez pas compétitif, pas considéré comme professionnel et vous subirez des pertes financières liées à des retours de marchandise pour non-conformité.

4. Avez-vous bien analysé le financement de votre projet?

Au moment de la négociation de votre contrat de vente, n'oubliez pas de mesurer les risques qui découlent du mode de paiement demandé par l'importateur. Bien sûr, les importateurs demandent les conditions les plus favorables. De votre côté, en tant qu'exportateur, vous devez vous protéger.

Le recouvrement à l'exportation

Le paiement est l'élément le plus important de toute transaction commerciale. Vous fier aux apparences de bon payeur de votre acheteur, vous occasionnerait de gros problèmes!

Vous devez donc prendre certaines précautions afin d'éviter les problèmes de recouvrement. La première chose à faire consiste à procéder à une vérification approfondie du crédit de l'acheteur.

Pour diminuer les risques, vous pouvez également faire appel aux méthodes de paiement suivantes:
- Paiement comptant à l'avance
- Lettres de crédit
- Lettres de change
- Crédit ouvert
- Consignation

5. En résumé

Maintenant que vous connaissez les erreurs majeures à éviter à l'exportation, il vous suffit de mettre en pratique les raisons pour lesquelles vous DEVRIEZ exporter!

Bonne chance et rappelez-vous la règle d'or:

Se poser les bonnes questions

Quelques dernières petites questions

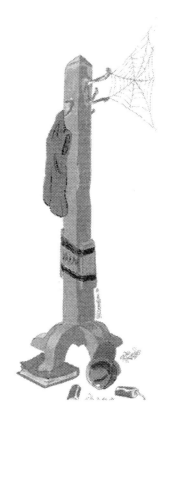

Conclusion

Quelques dernières petites questions...

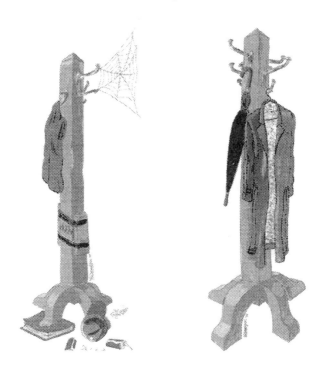

1. Quel élément fait en sorte que l'employé(e),
   tout comme l'employeur, gagne ou échoue?

2. Quelles questions se poser avant
   d'enclencher votre processus de
   mondialisation?

Conclusion

1. Quel élément fait en sorte que l'employé(e), tout comme l'employeur, gagne ou échoue?

Si votre réponse s'exprime en termes de **participation, entraide, intérêt** ou **équipe**, vous êtes sur la bonne voie.

Ce sont des concepts que doivent adopter autant les employé-e-s que l'employeur, car la réalisation d'un projet dépend autant des uns que de l'autre. Si les employé-e-s choisissent de participer et que l'employeur les encadre bien, le succès est assuré.

L'employeur devra faire réaliser à ses employé-e-s:
- qu'ils sont eux aussi responsables des succès et échecs de l'entreprise
- que chacun d'entre eux **peut** et **doit** faire la différence
- que chacun d'entre eux devra passer par la formation afin d'accroître sa valeur dans l'équipe

L'employé(e), au cours du projet:
- devra pratiquer avec les autres membres, le renforcement positif constant de l'équipe

Afin qu'ensemble vous atteigniez les plus hauts sommets...
Les mots clés à ne pas oublier dans tout projet sont:
- planification
- contrôle des opérations
- information
- formation
- participation

224

Sans toutefois oublier les cinq règles fondamentales du succès:

- le produit
- l'administration
- le marketing
- les ressources
- le bon moment

Ces règles s'appliquent autant pour un projet spécifique que dans l'ensemble des opérations. Elles sont la clé de la réussite en affaires.

2. Quelles questions se poser avant d'enclencher votre processus de mondialisation?

Vous êtes-vous fait une opinion?

En fait, peut-être n'êtes-vous pas concerné par la qualité totale, et peut-être jugez-vous même inutiles les normes ISO 9000. Si votre entreprise ou organisation gouvernementale se porte bien, que vos clients, vos fournisseurs et vos employés sont satisfaits, vous avez peut-être raison. Mais rares sont les entreprises ou organismes qui peuvent se vanter d'une telle efficacité. D'ailleurs, Richard Lord, de l'agence de publicité Lord, Einstein, O'neal and partners résume bien la situation de plusieurs entreprises:

Conclusion

En affaires, le but du jeu est de survivre. En fait, c'est comme une partie de poker: si vous pouvez rester à la table de jeu, vous avez une chance de gagner.

Nous croyons que les normes ISO 9000 peuvent vous aider à y rester...

Tout au long de cet ouvrage, nous avons non seulement traité des normes ISO 9000, mais aussi fourni beaucoup d'informations qui entourent leur implantation et de ce que vous, votre entreprise ou organisme devez faire pour relever ce défi avec succès.

Des efforts considérables ont été faits afin d'expliquer en termes clairs, simples et d'une manière non technique ce que chaque entreprise et organisme vit lors d'un projet d'une telle envergure.

La plupart des trucs, astuces et stratégies que nous vous avons offerts ont fait leurs preuves dans divers projets, reliés ou non à ISO 9000.

En bout de ligne, seuls vous et vos employé(e)s avez le choix de réussir ou d'échouer... nous espérons vous avoir fourni les outils pour réussir.

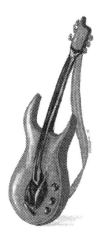 

La cigale... ou... la fourmi?

Bonne chance!

Pour en savoir plus

Vous avez peut-être remarqué que nous ne sommes pas entrés dans les concepts les plus profonds des normes ISO 9000. Si vous désirez en savoir davantage sur les actions à entreprendre vers la mondialisation et la certification ISO, nous vous suggérons de vous procurer les autres documents et cassettes vidéo disponibles.

À ceux d'entre vous qui désirent ou qui doivent s'engager dans un processus de certification ISO 9000, nous vous suggérons «À la découverte d'ISO». Vous pourrez y trouver de précieux conseils, anecdotes et méthodes basés sur nos expériences d'implantation d'ISO 9000 et sur l'expertise de nos diverses sources.

À ceux d'entre vous qui ne sont pas encore concernés par les normes ISO 9000, mais qui sont constamment à la recherche de méthodes et d'informations nouvelles, nous vous offrons des renseignements sur ISO 9000 mais aussi sur plusieurs points d'intérêt pour votre organisation.

«À la découverte d'ISO» est disponible sous la forme d'une «trousse» qui contient plusieurs outils:
- Un manuel de travail de plus de 350 pages qui vous donne des informations et des méthodes pertinentes pour compléter le projet en entier en vous disant quand et pourquoi appliquer les différentes techniques. Il s'agit plus d'un outil de travail que d'un manuel de référence.
- Deux cassettes vidéo qui vous proposent des techniques de présentation sous forme de conseils,

de trucs et astuces en vous donnant des exemples sur la façon de faire passer votre message.

- Huit disquettes qui contiennent des exemples de grilles de décision, de mémos et de présentations visuelles utiles tout au long du projet. Un exemple de gestion de projet de travail d'implantation ISO est aussi inclus.

Pour de plus amples détails, veuillez communiquer avec:

Joanne Prévost-Beauséjour au (514) 355-9604,

venez visiter notre site Internet sous la catégorie «ISO».

ou en écrivant à:

Germain Decelles: gdeceles@centreprendre.qc.ca

À propos des auteurs

Pierre Tremblay MBA, Adm.A, CMC

Pierre Tremblay est conseiller en management dans le domaine des technologies de l'information. Il détient une maîtrise en administration des affaires «MBA» de l'université McGill et est membre de l'Ordre des administrateurs agréés du Québec, secteur Conseil en management.

Depuis 1983, il a travaillé pour Digital Equipment du Canada, pour le Groupe IST et pour Samson Bélair / Deloitte & Touche à titre de directeur. Il est maintenant associé principal de Services conseils Integra, une firme offrant des services conseils dans la planification, la sélection et l'implantation de systèmes d'information de gestion.

Il a réalisé de nombreux mandats pour des entreprises dans le secteur manufacturier et de la distribution, pour des entreprises de services et des organismes à but non lucratif. Il conseille régulièrement des dirigeants d'entreprise en ce qui a trait à l'utilisation des systèmes d'informatique de gestion.

Il a rédigé plusieurs articles, notamment pour le journal *Direction informatique*, et a donné des conférences sur l'utilisation des technologies de l'information dans le domaine des affaires.

Danielle Vallée

Danielle Vallée est une femme d'affaires possédant une formation en communication ainsi qu'une solide expérience en planification et en gestion, en formation et direction de personnel, en analyse et conception de solutions, ainsi qu'en rédaction.

Elle a une expérience de cinq ans comme directeur, Plans et devis des lignes, Méthodes et conception administrative chez Bell Canada. À ce titre, elle a acquis une expertise comme analyste ainsi qu'en rédaction technique. Elle a produit de nombreux ouvrages pour le compte de Bell Canada, de Télébec (filiale de Bell) et de plusieurs compagnies privées. Elle a entre autres conçu et produit le programme des indicateurs de rendement destiné au ministre des Télécommunications du Québec pour la compagnie Télébec.

Spécialiste de traitement et diffusion de l'information, elle a conçu et publié le *Guide Démarrage* à l'intention des micro-entreprises, ouvrage qui a été reçu très favorablement par les entrepreneurs. Elle est cofondatrice du Groupe Entreprendre composé de plus de 1 100 membres et coordonne les activités de développement régional et national. Elle est régulièrement sollicitée comme conférencière dans ce domaine et ce, à travers le Canada. Elle participe régulièrement à une chronique à l'émission «Au travail» du réseau RDI, de Radio-Canada.

GERMAIN DECELLES, osj

Germain Decelles est un homme d'affaires polyvalent ayant fait ses preuves au niveau de la gestion des résultats et des stratégies de marketing. Leader, il possède une puissante capacité analytique et organisationnelle de développement et de planification stratégique. Il a également une vaste expérience en identification des occasions d'affaires et en implantation des stratégies appropriées.

Il est actif depuis treize ans dans le domaine de l'évaluation, du développement et de la commercialisation de différentes technologies informatiques. Auparavant, il a œuvré dans le secteur de l'automobile pendant plus de dix ans.

Au sein de sa propre entreprise ainsi que pour des corporations internationales, il a travaillé sur plusieurs produits et services destinés à faire avancer l'utilisation de la technologie pour plusieurs organismes canadiens et internationaux, autant au niveau commercial que gouvernemental. De plus, il est actif depuis quelques années dans les circuits de conférences technologiques et du développement des affaires, tant au Canada qu'aux États-Unis et en Europe.

Il a travaillé et agi à titre de consultant pour plusieurs corporations dont: Data General Corp. à Boston, Ashton-Tate et Borland International en Californie, Information Builders à New-York, Control Data au

Canada, Relational Technology à San Francisco, les Grandes Messageries de la Presse Parisienne à Paris, et le gouvernement de la Côte d'Ivoire à Abidjan, pour n'en nommer que quelques-unes.

Pierre-Luc Mathieu

Pierre-Luc Mathieu est étudiant en génie industriel, spécialisation productique, à l'École polytechnique de Montréal. Intéressé par les différents concepts reliés à l'amélioration continue et à la gestion de la qualité, il possède une bonne expérience en rédaction technique et d'excellentes notions sur les normes ISO 9000 et leur implantation. Il a participé activement à l'implantation d'une installation ISO 9001 au cours de la dernière année. En plus du contrôle de la qualité, ses domaines d'intérêt tendent vers la gestion de fabrication et l'automatique industrielle.

Me Isabelle Normand

Diplômée de l'Université de Sherbrooke comme bachelière en droit depuis 1991 et membre du barreau du Québec depuis 1992, elle a travaillé autant comme stagiaire que comme avocate pour plusieurs cabinets de la région de Montréal. Elle possède une expertise recherchée en rédaction de mémoire au niveau de la Cour d'appel et en recherche jurisprudentielle et doctrinale en matière civile et commerciale. Elle prodigue ses conseils pour la gestion des contrats dans l'entreprise ainsi que pour leurs mises à jour. Enthousiaste et communicative, elle possède une connaissance du droit du travail et s'est démarquée à plusieurs reprises comme négociatrice efficace lors de représentations.

Intéressée aux aspects légaux d'ISO 9000, elle aide, en collaboration avec d'autres experts, les entrepreneurs à faire le point sur les aspects juridiques avant d'entreprendre le processus de normalisation et de certification.

À propos des collaborateurs

Jacques Mathieu

Jacques Mathieu est président de J. Mathieu inc. conseillers à la direction, entreprise de consultation dont la mission est de contribuer à l'amélioration de la qualité des produits et des services de ses clients, de réaliser des programmes de formation sur la gestion de la qualité et de contribuer à l'avancement des connaissances dans l'amélioration de la qualité.

Spécialiste reconnu, il a eu l'occasion de remplir des mandats de consultation et de formation de différentes envergures, notamment sur des dossiers de productivité, de planification stratégique, d'amélioration continue de la qualité, de changement organisationnel et de réorganisation dans plusieurs organisations dans les secteurs privé et public.

Jacques Mathieu est membre du Bureau des examinateurs du *Mouvement québécois de la qualité* et a été, en 1992-1993, le conseiller spécial du Groupe de concertation sur la qualité, formé de dirigeants de grandes entreprises québécoises, dans le projet de développer un référentiel d'évaluation de la gestion de la qualité, *Le Qualimètre*. Il a été membre du jury du Mérite Desjardins en 1994 et en 1995. En 1994-1995, il a été professeur invité au département de management de l'Université Laval pour le cours «Développement organisationnel» du programme MBA.

Il est membre de l'*American Society for Quality Control* depuis 1988. Il a été conférencier invité à de nombreux colloques et séminaires.

Mᵉ Malika Ouaksel

Malika Ouaksel détient une maîtrise en langues étrangères, Affaires et Commerce, de l'Université de Paris ainsi qu'une spécialisation en import-export. Elle exerce la profession de gestionnaire de projets internationaux au sein de Galilée International pour assister les nouveaux exportateurs dans leurs démarches sur les marchés en Europe, en Amérique latine, en Afrique du Nord et au Moyen-Orient.

Elle a travaillé pour Procter & Gamble à Paris en tant que responsable des opérations logistiques (Allemagne, Angleterre, France), pour Promodès (7ᵉ groupe agro-alimentaire européen) à titre de responsable de zone Import/Export et pour F.L.D. (magazine professionnel international tiré à 25 000 exemplaires) comme chargée de développement international.

Dynamique et volontaire, elle possède un goût affirmé pour les relations humaines et apprécie particulièrement le contact avec les cultures étrangères. Ses affinités l'ont toujours poussée à développer ses compétences dans le domaine du commerce international.

Philippe Gazagne, MBA

Philippe Gazagne possède une maîtrise en management de l'École Supérieure de Commerce de Nantes (France). Au sein de Galilée International, il s'investit dans la gestion de projet internationaux en tant que spécialiste en marketing.

Il a travaillé pour la National Basket-ball Association à Genève (Suisse) à titre d'adjoint au directeur du marketing (France, Italie, Espagne, Scandinavie, Benelux, Grèce, Turquie). Auparavant, responsable des ventes à Intermec France (Groupe Litton), il assumait la charge des ventes de produits d'informatique industrielle. Sa précédente expérience à titre d'ingénieur système lui a valu de travailler pour General Motors au sein d'Electronic Data System (société de service et d'ingénierie informatique).

Passionné par le développement international, il aime s'enrichir au contact de nouvelles cultures. Il profite de son expérience en marketing international pour favoriser les liens entre les nombreux exportateurs nord-américains avec l'Europe, l'Afrique du Nord, le Moyen-Orient et l'Amérique latine.

Aujourd'hui, en tant que consultant, il a développé et mis en place des solutions stratégiques de perfectionnement des effectifs, notamment, le leadership et le travail en équipe, le perfectionnement du service et de la vente, l'innovation et la créativité ainsi que le perfectionnement personnel et professionnel.

François Merville, ING, MBA

François Merville est président fondateur du Groupe PROGENIX. Il est conseiller international en management, spécialisé dans la mise en œuvre des systèmes ISO 9000 et ISO 14000, de leur audit et de leur certification, ainsi que de la réorganisation des processus d'entreprise et systèmes d'information.

Il a d'abord, au cours de 25 ans d'expérience industrielle, occupé des postes de directeur dans le monde entier, pour l'assurance-qualité, la production, les systèmes d'information et le génie conseil avec le groupe Philips Électronics International (250 000 personnes) maîtrisant de nombreux domaines de haute technologie, tels que les semi-conducteurs, les tubes à vision nocturne, les disques compacts, les systèmes de diagnostic médical, les ordinateurs multimédias.

Au sein du Groupe PROGENIX, il a ensuite travaillé sur des projets importants ISO 9000 puis 14000, pour des organisations telles que Bombardier, Bell Canada, Bell Northern Research, Lafarge, Demix, Primetech.

Comme conseiller ISO 9000, il a assisté de nombreuses entreprises ayant obtenu la certification ISO 9001 et 9002, et a donné des conférences et séminaires sur ISO 9000 et sur ISO 14000 autant en Amérique qu'en Europe.

MARIE-JOSÉE LEDOUX

Marie-Josée Ledoux est étudiante à l'École des hautes études commerciales de Montréal en vue d'obtenir un baccalauréat en administration des affaires. En général, tout ce qui touche le domaine des affaires et qui peut mener à la réussite l'intéresse. Elle est déjà convaincue que l'adoption des normes internationales de qualité est très importante pour une entreprise voulant rester compétitive pour faire face à la mondialisation des marchés.

LUC BEAUSÉJOUR

Luc Beauséjour possède un diplôme d'études collégiales en graphisme et vidéo commercial ainsi qu'une vaste expérience autant du coté d'organisations privées que publiques. Depuis plusieurs années, il réalise autant des documents que des bandes vidéos informationnels. De plus, il utilise des outils informatiques pour la création de graphiques et leur intégration dans ses productions vidéo.